미리 알면 돈 버는
교사 연금설계 재테크

미리 알면 돈 버는
교사 연금설계 재테크

김선후 지음

테크빌교육

머리말

요즘 교사로 살아가는 것이 점점 더 어려워지고 있습니다. 학생들을 가르치는 보람보다 하루하루를 무사히 보내길 바라는 마음이 더 커지고, 특히 신입 교사들은 낮은 초봉 속에서 교육 현장의 현실을 견디고 있습니다. 여기에 더해 공무원연금에 대한 정보 부족과 각종 루머 속에서 많은 교사들이 현재에 지치고, 미래를 불안해하고 있습니다.

이 책을 쓴 이유는 단순합니다. 교사들이 공무원연금에 대해 정확한 정보를 알고, 현실적인 은퇴 준비를 할 수 있도록 돕기 위해서입니다. 연금은 단순히 퇴직을 앞둔 교사만의 문제가 아닙니다. 오히려 젊을 때부터 자신의 연금이 어떻게 계산되고, 앞으로 얼마를 받을 수 있는지 알아야 더 나은 재무 계획을 세울 수 있습니다. 하지만 시중에 나와 있는 공무원연금 관련 정보는 단편적이거나 실질적인 가이드를 제공하지 못하는 경우가 많습니다.

예를 들어, 10년 차 교사가 공무원연금공단 홈페이지에서 연금을 조회하면 약 60만 원이라는 결과가 나옵니다. 하지만 이 금액은 정년퇴직 기준이 아니라, 지금 당장 퇴직할 경우 받을 수 있는 연금액을 의미합니다.

많은 교사들이 이런 정보의 한계를 모르고 막연하게 연금이 적다고 생각하거나, 정작 중요한 준비를 미루게 됩니다. 이 책에서는 이러한 문제를 해결하기 위해 퇴직 후 실제 받을 연금액을 정확하게 계산하는 방법을 설명하고, 각 교사들이 자신의 상황에 맞춰 은퇴 준비를 할 수 있도록 돕고자 합니다.

특히 신규 교사와 중견 교사에게는 앞으로 받을 연금액을 구체적으로 예측하고, 공무원연금과 국민연금을 어떻게 연계할 수 있는지 안내합니다. 퇴직을 앞둔 교사에게는 각종 수당, 세금, 건강보험료 등 현실적인 재정 변화를 미리 준비할 수 있도록 상세한 내용을 담았습니다.

결국 중요한 것은 "지금부터 무엇을 준비해야 하는가?"라는 질문에 대한 답을 찾는 것입니다. 내가 받을 연금이 얼마인지, 노후에 얼마가 필요한지, 그리고 지금부터 얼마나 준비해야 하는지를 명확하게 알고 있어야만 불안함 없이 미래를 설계할 수 있습니다.

얼마를 준비해야 하는지를 명확하게 알고 있어야 하는 이유는 우리의 월급이 한정적이기 때문입니다. 교사는 공무원으로서 받을 수 있는 월급이 어느 정도 정해져 있기 때문에, 한정된 자원을 얼마나 효율적으로 배분하느냐가 핵심입니다. 월급은 매달 일정한 금액이 나오더라도, 그 돈을 어떻게 활용하느냐에 따라 노후의 삶이 완전히 달라질 수 있습니다. 저 역시 교사로 일하면서 월급의 한정성을 절실히 느꼈고, 여러 금융 공부를 해오면서 가진 돈을 제대로 관리해야 그 위에 자산을 쌓아갈 수 있다는 것을 깨달았습니다.

이 책에는 정확한 연금 수령액 예측을 위해 다양한 수치와 공식이 포함되어 있지만, 부담을 가질 필요는 없습니다. 각 장의 핵심 개념과 결론만 읽어도 충분히 내용을 이해할 수 있도록 구성했습니다. 또한 〈임용년도·퇴직년도별 예상 연금 수령액〉을 책날개 QR코드로 제공해 드립니다. 이 자료는 2025년 이후 퇴직하는 교사들이 받을 예상 연금액을 임용년도별, 퇴직년도별로 정리한 것으로, 자신의 미래 연금액을 예측하고 보다 체계적으로 노후를 준비하는 데 도움이 될 것입니다.

현재 교육계는 안팎으로 여러 어려움을 겪고 있습니다. 교육 환경이 개선되는 데에는 시간이 걸리겠지만, 개인적인 경제적 안정은 지금부터 준비할 수 있습니다. 이 책이 교사들의 경제적 고민을 덜어내고, 보다 안정적인 미래를 설계하는 데 도움이 되길 바랍니다. 교사가 경제적으로 안정되어야 학생들에게도 더 나은 교육을 제공할 수 있다고 믿습니다. 이 책이 작은 시작이 되어, 많은 선생님들이 더 나은 미래를 준비할 수 있기를 바랍니다.

마지막으로, 이 책을 집필하는 과정에서 아낌없는 응원과 지지를 보내준 가족들에게 깊은 감사를 전합니다.

2025년 3월
김선후

차례

머리말 · 4

1장 교사가 연금에 대해 꼭! 알아야 하는 이유
- 내 은퇴를 주먹구구로 준비할 수는 없다! · 12
- 숫자로 말한다! 공무원 연금이 특혜가 아닌 이유 · 16

2장 교사 연금설계 기초지식 Basic 3
- Basic 1. 공무원연금의 4가지 급여 · 22
- Basic 2. 일반 행정직 공무원과의 차이 · 25
- Basic 3. 교직원공제회 꿀혜택 · 27

3장 총 은퇴준비금 계산하기
- 월 적정 생활비 계산하기 · 32
- 총 은퇴준비금 계산하기: 은퇴기 3단계 · 36

4장 연금제도는 3층 구조
- 연금은 누구나 3층 구조! · 42
- 연금제도 3층 구조 비교: 사기업 근로자 & 교사 · 45
- 미리 하는 은퇴설계 기초: 1~3층 연금으로 내 은퇴준비금 꽉 채워 보기 · 49

5장 연금액 계산의 기본식

- 완전 쉽다! 월 연금액 기본식 구조 ... 54
- 월급 이해하기 ... 57
- 지급률 & 재직 기간 따져보기: 40년 일했는데 36년만 인정받을 수도 있다? ... 65
- 연금 지급 개시 연령: 퇴직했다고 바로 나오는 게 아니다! ... 69

6장 1층 연금! 퇴직연금 계산법

- 평균기준소득월액 ... 74
- 현재가치와 미래가치 ... 77
- 공무원보수인상률 vs. 물가상승률 ... 81
- 현재가치 계산하기: 정석으로 or 간단하게 ... 85
- 지급률과 재직기간 ... 98
- 예상 연금수령액 결과표 ... 102

깊이 알아보기 정확한 예상 연금수령액 계산방법 ... 108

7장 2층 연금! 퇴직수당연금 계산법과 활용법

- 퇴직수당 '연금' 이란? ... 124
- 최적화 전략: 교직원공제회 활용하기 ... 128

깊이 알아보기 정확한 퇴직수당 예상액 계산법 ... 133

8장 3층 연금! 개인연금 준비하기

- 교원의 개인연금   140
- 우선 이용하자! 교직원공제회 장기저축급여   142
- 연금계좌 살펴보기: 연금저축 & IRP   147
- 연금계좌 세금 혜택과 올바른 사용법   151
- 교직원공제회와 연금저축의 설계   159

9장 세금과 건강보험료: 연금 수령 시 고려사항

- 연금에 부과되는 세금의 종류   164
- 퇴직연금, 연금계좌: 연금소득세   167
- 퇴직수당연금: 퇴직소득세 그리고 이자소득세   172
- 교직원공제회: 이자소득세   176
- 건강보험료   179

  깊이 알아보기 부동산 임대소득과 연금 수령액의 관계   187

10장 명예퇴직과 조기퇴직, 연금설계 전략

- 명예퇴직수당과 퇴직소득세   192
- 조기퇴직 연금설계 전략: 국민연금, 연계연금   197
- 조기퇴직연금: 명예퇴직자와 징년퇴직자   203

FAQ | 교사들이 자주 묻는 연금 관련 질문들   207

1장

교사가 연금에 대해
꼭! 알아야 하는 이유

- 내 은퇴를 주먹구구로 준비할 수는 없다!
- 숫자로 말한다! 공무원 연금이 특혜가 아닌 이유

내 은퇴를 주먹구구로 준비할 수는 없다!

  최근 몇 년 사이, 퇴직에 대한 관심이 교직계에 크게 증가하고 있는 것 같습니다. 연차를 불문하고요. 초등교사 커뮤니티들을 살펴보면 퇴직 관련 글들이 점점 빈번하게 올라오고 있는 것 같습니다.

  이렇다 보니 당장 퇴직을 하려는 건 아니더라도 퇴직과 관련된 다양한 정보를 파악하고 이해하는 것이 교사들에게 꽤 의미 있는 일로 여겨지게 된 듯합니다. 그런데 객관적이고 정확한 퇴직 관련 정보를 찾는 일은 쉽지가 않습니다. 인터넷상의 정보는 대개 불필요하거나, 부정확한 정보인 경우가 많고 동료교사들과 정보 공유를 하다 보면 개인적인 경험에 국한된 토막 사례들을 듣는 데 그치는 경우가 많다는 걸 느끼실 것입니다. 정확한 퇴직 정보를 얻는 것은 의외로 상당히 까다로운 일입니다. 게다가 퇴직 계획을 잘못 세우게 되면 시간이 지남에 따라 점점 더 수정하기가 어려워지기 때문에 초기에 올바른 지식에 근거하여 퇴직 계획을 세울 수 있도록 촉각을 곤두세울 필요가 있습니다.

   교사로 은퇴한 후 받게 될 예상 연금액을 계산하실 수 있나요? 어렵다고 느끼셨다면 퇴직 준비에 필요 이상의 자원을 배분하고 계실 가능성이 아주 높습니다. 즉, 연금저축이나 부동산 월세, 주식 배당금 등으로 미래를 준비하느라 막상 현재에 필요 이상의 피폐함을 견디고 계실 가능성이 있다는 이야기입니다. 은퇴 후의 생활에 대한 불필요한 불안을 느끼기도 하고 심지어는 죄책감에 시달리는 경우도 있습니다. 특히 젊은 교사들에게는 '내집마련'이라는 인생의 큰 과제가 있습니다. 따라서 이들이 퇴직 준비에 과잉 자원을 할당하고 있다면 스스로 목표 달성을 더디게 만들고 있는 셈이니 더욱 안타까워집니다.

   그렇기 때문에 은퇴 후 받을 수 있는 예상 연금액을 정확히 아는 것이 올바른 은퇴 설계의 시작점이라 할 수 있습니다. 퇴직 후 받을 수 있는 연금액에 대한 정확한 예측은 교사 재직 중인 현재 우리의 재무 목표와 태도를 크게 바꿀 수도 있습니다. 현재 삶에도 최대한 만족하면서 미래도 안전하게 대비하는 적절한 자원의 분배가 가능해지기 때문입니다.

   그렇다면 과연 퇴직 후 우리 손에 쥐어지는 연금액은 어느 정도일까요? 계산해 보니 2025년에 임용된 교사의 연금액은 매달 3,919,150원이 될 것으로 예상됩니다. 이 책에서는 어떻게 이런 구체적인 연금액을 산출할 수 있는지에 대해 해설해 드립니다. 단 이 숫자는 만 23세에 교직에 임용되어 40년 근무 후 정년퇴직, 65세에 연금 수령한 경우로 2025년 화폐 가치 기준 금액입니다.

그런데 왜 이런 계산을 우리가 직접 해야 하는 걸까요? '공무원연금공단 홈페이지에서 간단하게 확인할 수 있는 일이 아닌가?' 하는 생각이 드실 것 같습니다. 공무원연금공단을 통해 확인할 수 있는 연금액이 있기는 한데 유감스럽게도 이는 정년퇴직이 아닌 '지금' 퇴직하면 받을 수 있는 금액입니다. 예를 들어 10년차 교사의 경우 공단 홈페이지에서 확인되는 퇴직연금액은 대략 600,000원 전후일 것입니다. 지금 퇴직했을 때 받을 수 있는 금액을 확인하는 것은 구체적인 퇴직 시기를 계획하는 데 충분한 정보가 되지 못합니다. 게다가 저경력 교사일 경우는 거의 쓸모없는 정보일 것입니다.

지금까지 시중의 금융서적 또는 재무서적에서 교사 직종은 전면적으로 다루어지지 않았던 편입니다. 그래서일까요? 교사의 은퇴설계는 주먹구구식인 경우가 많습니다. 공무원연금을 많이 받을 테니 연금저축, 부동산 월세 등등으로 추가적인 연금을 만들어 두면 되는 거 아니냐는 식입니다. 즉 정확한 금액을 추산하지 못하고 깜깜이식으로 은퇴준비를 합니다. 깜깜이식 은퇴설계를 만드는 핵심 요인은 공무원 연금의 예상 연금액 계산의 어려움입니다. 은퇴 후 내 손에 얼마가 쥐어지는지를 확실히 알지 못하기 때문에 눈가리개를 쓴 채 손으로 벽을 더듬듯 퇴직까지 40여 년 동안 노후 자금을 마련해 나갑니다. 눈가리개를 쓰고 있으니 긴 시간 불안감도 늘 함께합니다. 예상 연금액을 계산할 수 있다면 구체적인 노후 자금 목표 금액을 정할 수 있습니다. 그리고 내가 원하는 은퇴 시기를 결정할 수 있습니다. 그렇게 막연한 불안감을 걷어낼 수 있습니다.

 **연금은 언제부터 나오나요?**

'은퇴'와 '연금수령'은 서로 다른 개념입니다. 연금수령 시기는 법과 규정에 따라 시기가 정해져 있지만 은퇴는 각자의 선택에 따라 시기를 정할 수 있으니까요.

공무원 연금수령은 2024년~2026년에 퇴직한 사람은 62세에 받게 됩니다. 이 시기는 서서히 늦춰지다가 2033년 이후부터는 65세부터 받게 됩니다.

즉 2025년에 62세로 정년퇴직한 사람이라면 퇴직 후 바로 다음 달부터 연금을 수령할 수 있고, 2033년 이후부터는 60세에 명예퇴직을 하든 62세에 정년퇴직을 하든 상관없이 연금을 65세부터 수령하게 됩니다.

이때 60세에 퇴직한 사람은 약 5년 간의 소득공백기를 가지게 되고, 62세에 퇴직한 사람은 약 3년간의 소득공백기만 가지면 됩니다.

이 책에서는 국민연금과 공무원연금을 비교하는 등 각종 계산을 할 때 연금 개시 시기를 65세로 설정하고 설명한 경우가 있는데, 이는 국민연금과 공무원연금 둘 모두 65세부터 연금을 수령하기 때문입니다.

숫자로 말한다!
공무원 연금이 특혜가 아닌 이유

제가 이 책을 쓴 이유는 교사들이 자신의 노후와 그 준비 방법에 대해 충분히 이해하시고 이를 바탕으로 교사의 본업인 학생을 가르치는 것에 더욱 집중할 수 있는 환경을 조성하실 수 있도록 돕고자 함입니다. 하지만 세간에는 공무원연금이 국민연금보다 많이 받는다는 잘못된 인식이 퍼져 있습니다. 공무원연금과 국민연금 간의 형평성에 관한 논의는 오랜 시간 동안 지속되어 왔습니다. 2024년 5월에는 〈공무원 등 특수직역연금 평균 수급액, 국민연금보다 5.5배 많아(연합뉴스)〉라는 기사[1]가 있었습니다.

이런 인식 때문에 이 책을 쓰기가 꽤 조심스러웠습니다. 제가 책을 쓰

---

[1] 서한기 기자. 2024.05.07. '공무원 등 특수직역연금 평균수급액, 국민연금보다 5.5배 많아'. 연합뉴스, https://www.yna.co.kr/view/AKR20240503074400530. 2025.01.20. 접속

는 의도는 '연금으로 이만큼 받을 수 있으니 막연하게 걱정하지 마시고, 지금처럼 학생들 지도에 힘쓰세요.'였는데 이것이 다른 이들에게는 '공무원연금으로 이렇게나 많이 받는구나! 공무원연금은 특혜다!'라는 식으로 비춰질 것이 두려웠습니다. 그래서 우선 공무원연금과 국민연금을 비교하여 공무원연금이 특혜가 아닌 이유에 대해 설명하고자 합니다.

일단 공무원연금 가입자가 국민연금 가입자에 비해서 보험료를 더 많이 납부합니다. 공무원연금의 보험료율은 18%이고, 이 중 절반인 9%는 본인(가입자)이, 나머지 9%는 국가가 부담합니다. 반면, 국민연금의 보험료율은 9%이고, 이 중 절반인 4.5%는 본인(가입자)이, 나머지 4.5%는 사업자가 부담합니다. 2025년 3월 20일, 국민연금 개혁안이 국회 본회의를 통과했습니다. 2026년부터 매년 0.5%씩 8년에 걸쳐 올라, 최종적으로 국민연금의 보험료율은 13%가 될 것이고, 이 중 절반인 6.5%는 본인이, 나머지 6.5는 사업자가 부담하게 됩니다. 실제 법 개정이 될지는 지켜봐야 하겠지만, 중요한 것은 만약 국민연금법이 개정이 되더라도, 공무원연금 가입자가 국민연금 가입자보다 보험료를 더 부담한다는 사실입니다.

또한, 공무원연금 가입자의 가입 기간이 국민연금 가입자의 가입 기간보다 더 깁니다. 공무원연금의 연금수령액의 절대값이 국민연금의 절대값보다 큰 이유는 공무원연금 가입자가 보험료를 더 오랫동안 내기 때문입니다. 해당 기사에 따르면 2019년 기준으로 국민연금 평균 가입 기간은 17.4년인 반면, 공무원연금 평균 가입 기간은 26.1년으로, 국민연금 가입기간보다 약 9년 더 길다고 합니다. 보험료를 더 많이 낼 뿐 아니라 더 오랜 기간 동안 납부한다는 의미입니다.

그리고 퇴직금 지급에 있어서도 차이가 존재합니다. 공무원연금 가입자의 퇴직금은 국민연금 가입자의 퇴직금의 채 40%도 되지 않습니다. 이 부족분을 공무원연금의 연금수령액이 보완하는 것입니다. 국민연금 가입자는 직장을 퇴직할 때, 최종 월급에 재직연수만큼을 곱한 금액을 퇴직금으로 받게 됩니다.[2] 반면 공무원연금의 경우 일반적인 퇴직금이 아니라 최종 월급의 39%에 재직연수를 곱한 퇴직 '수당'이 지급됩니다. 즉 같은 월급에 같은 재직연수로 퇴직하더라도 공무원은 39%의 수준을 받게 됩니다. 심지어, 20년 이상 재직했을 경우가 39%이며, 20년 미만 32.5%, 15년 미만 29.25%, 10년 미만 22.75%, 5년 미만 재직했을 경우에는 최종 월급의 6.5%입니다. 예를 들어, 월급이 200만 원으로 1년 근무한 사기업 근로자는 퇴직금으로 200만 원을 지급받지만, 공무원은 같은 월급이라도 1년 재직 시 퇴직수당으로 13만 원을 지급받습니다. 게다가 재직 연수는 최대 33년까지만 인정됩니다. 40년을 근무하더라도 7년치의 퇴직금은 계산받지 못하는 셈입니다.

공무원연금의 제한 사항은 여기에서 끝나지 않습니다. 수급자에게 연금 외 일정 수준 이상의 소득이 있는 경우, 수령 연금액이 감액되는 제도가 두 연금에 모두 적용되는데 국민연금의 경우 최대 5년 동안만 감액이

---

2 근로자퇴직급여 보장법[시행 2022.7.12.] 제8조 ① 퇴직금제도를 설정하려는 사용자는 계속근로기간 1년에 대하여 30일분 이상의 평균임금을 퇴직금으로 퇴직 근로자에게 지급할 수 있는 제도를 설정하여야 한다.

적용되는 반면 공무원연금은 연금 외 일정 수준 이상의 소득이 있는 한 평생 감액이 적용됩니다.

종합해 보면, 공무원연금이 국민연금보다 수령액의 절대값이 큰 이유는 보험료를 더 많이 내고, 보험료를 더 긴 기간 동안 납부하고, 민간 퇴직금에 비해 39% 수준의 퇴직수당의 보전분을 포함하기 때문입니다. 그런데 최종 수령액의 절대값이 크기 때문에 연금 외 소득에 따른 감액이 공무원연금에 더 크게 적용됩니다.

지금까지 설명해 드린 바와 같이, 공무원연금이 국민연금보다 많이 받는다고 보기 어렵습니다. 당연히 특혜라고 볼 수도 없습니다. 단지 두 연금 체계 간의 차이일 뿐입니다. 본 내용을 통해 여러분께서 공무원들이 국민연금 가입자에 비해 더 많이 받고 있다는 잘못된 인식을 바로잡아 주실 것을 진심으로 부탁드립니다.

2장

교사 연금설계 기초지식
Basic 3

- Basic 1. 공무원연금의 4가지 급여
- Basic 2. 일반 행정직 공무원과의 차이
- Basic 3. 교직원공제회 꿀혜택

Basic 1 :
공무원연금의 4가지 급여

교사의 연금 설계는 우선 공무원이라는 특별한 지위로부터 시작해야 합니다. 공무원연금에 대한 깊은 이해가 교사 퇴직 이전, 이후의 인생 설계의 첫 단추임을 의미합니다. 우선 공무원연금 제도의 목적과 급여의 다양한 종류를 충분히 이해해 봅시다. 이것이 나와 내 가족의 재정적 안정성을 확인하고 확보하는 데 가장 기초가 되는 지식이니까요.

공무원연금 제도는 공무원 및 그 유족에게 종합적인 사회보장을 제공하고자 하는 제도입니다. 이 제도의 목적은 공무원의 퇴직, 장해, 또는 사망 시 안정적 급여를 통한 생활 안정과 복지 증진입니다. 공무원연금공단이 인사혁신처장의 위탁을 받아 관리하고 있습니다.
공무원연금의 대상은 주로 국가공무원법, 지방공무원법 등에 의해 국가기관이나 지방자치단체에서 근무하는 이들로 정의되는데 특히 교사는 교육공무원, 즉 국가공무원 중 특정직공무원에 해당합니다.

교사는 〈공무원연금법〉에 따라 공무원연금으로부터 ① 퇴직급여, ② 퇴직유족급여, ③ 비공무상 장해급여, ④ 퇴직수당을 받을 권리가 있습니다.

① **퇴직급여** : '퇴직연금'뿐만 아니라 이와 유사한 용어들을 포괄하는 개념
② **퇴직유족급여** : 퇴직급여를 수급하고 있던 이가 사망한 경우 혹은 퇴직급여 수급 자격을 충족하고 있던 공무원이 사망하는 경우 유족에게 지급되는 급여
③ **비공무상 장해급여** : 공무 외 사유로 장해를 입고 퇴직 시 지급되는 급여
(공무상 사유인 경우 〈공무원 재해보상법〉에 의해 별도 보상)
④ **퇴직수당** : 사기업의 퇴직금과 유사한 성격의 일시금

이 네 가지 가운데 핵심은 ① 퇴직급여와 ④ 퇴직수당 두 가지입니다. 우선 퇴직급여에 대해 알아보겠습니다. 퇴직 '급여'란 '퇴직연금'뿐만 아니라 이와 유사한 용어들을 포괄하는 상위 개념입니다. 10년 이상 재직하고 65세에 도달한 공무원이 퇴직하면 매달 지급받는 급여가 퇴직연금이고,[1] 10년 미만으로 재직한 경우라면 '퇴직일시금'을 받게 됩니다.

퇴직연금은 퇴직 후 매월 지급받는 것이 기본인데 조금 다른 두 가지 방법으로 지급받을 수도 있습니다. 일시금으로 지급받을 수도 있고(퇴직연금일시금), 연금과 일시금을 혼합하여 지급받을 수도 있습니다(퇴직연

---

1 연금지급개시연령은 임용년도 및 퇴직년도에 따라 다르며, 1996년 이후 임용자가 2033년 이후 퇴직할 경우 65세에 연금지급이 개시된다.

금 공제일시금).

  이 네 가지 퇴직급여와 별도로 지급되는 급여인 퇴직수당은 1년 이상 재직한 경우라면 받는 일시금입니다. 사기업의 퇴직금과 유사한 것이 이 퇴직수당입니다.

사립학교 선생님이시라면

사립학교 교사는 사학연금에 가입되어 있습니다. 사학연금의 내용은 대부분 공무원연금의 내용을 준용하므로 사실 선생님들께서 체감하실 만큼 공무원연금과의 차이는 없을 것입니다. 아래 내용만 별도로 고려하시고 이 책의 전체적인 내용을 그대로 읽으셔도 괜찮습니다.

사학연금
- 사학연금은「사립학교교직원 연금법」에 규정된 연금입니다.
- 가입대상은 동법 제2조1항1호에서 정의된 "교직원"으로, 사립학교 선생님들이 해당됩니다.
- 공무원연금의 비용은 공무원과 국가가 절반씩 부담하였으나, 사학연금에서는 개인이 절반, 그리고 국가와 사립학교법인이 둘이 합쳐 절반을 부담합니다.
- 동법 제42조1항 규정에 따라, 급여의 종류, 급여의 사유, 급여액 및 급여의 제한 등에 사항을「공무원연금법」및「공무원 재해보상법」에서 각각 준용합니다.
  - 「공무원연급법」준용 : 앞서 설명한 네 가지 퇴직급여에 관한 사항 등을 준용하고 있습니다.
  - 「공무원 재해보상법」준용 : 공무상 사유로 장해를 입고 퇴직하는 경우에 지급하는 '공무상 장해급여' 등을 준용하고 있는데, 이 경우에 대한 내용은 이 책에서 다루지 않고 있습니다.
- 사학연금은 현재 부과방식이 아닌 적립방식으로 운영되고 있습니다.
- 적립금이 모두 없어지면 부과방식으로 전환될 텐데, 이를 대비하여 동법 60조에서 '국가는 공단의 운영에 필요한 경비의 전부 또는 일부를 보조할 수 있다.'라고 규정하고 있습니다.

Basic 2 :
일반 행정직 공무원과의 차이

교사와 일반 행정직 공무원은 모두 공무원 연금 제도의 가입자이기는 하지만 몇몇 중요 측면에서 차이가 있습니다. 그래서 교사의 은퇴 설계는 일반 행정직 공무원과 다릅니다. 교사에게 적용되는 공무원 연금의 특성을 정확히 이해해야 성공적인 은퇴 후 생활을 가져다 줄 은퇴 전략을 세련되게 세울 수 있을 것입니다.

첫 번째로 교사 대다수는 평교사로서 단일 호봉 체계에 속해 있습니다. 임금 체계가 간단한 편이라는 것을 의미합니다. 일반 행정직 공무원은 호봉과 직급으로 이루어진 복잡한 체계에 의해서 임금과 경력이 결정됩니다.

교사는 자신의 임금과 연금 수령액을 예측하기가 상대적으로 쉬운 반면 일반 행정직 공무원은 30년이 넘는 긴 기간 동안 예상치 못한 변수의 영향으로 수령 임금과 연금이 달라질 수 있다는 불확실성이 있습니다. 이는 교사들의 장기적 은퇴 설계에 있어서 큰 이점으로 작용합니다.

두 번째로, 정년퇴직 연령에 차이가 있습니다. 교사는 62세까지 근무할 수 있지만 일반 공무원은 60세에 정년퇴직합니다. 이 2년의 차이는 추가 소득 발생 및 은퇴 준비 기간 연장이라는 의미에서 긍정적입니다. 연금 지급이 시작되는 65세 시점까지의 소득 공백기를 보다 유리하게 극복하도록 하는 기반으로 작용합니다. 만약 일반 공무원과 마찬가지로 60세에 명예퇴직으로 퇴직을 하면 그에 따른 추가적인 명예퇴직수당의 혜택도 받을 수 있습니다.

세 번째로, 공제회 가입 여부와 범위에 차이가 있습니다. 이는 꽤 중요한 차이입니다. 국가직 일반 공무원은 가입 가능한 공제회가 없습니다. 지방직 일반공무원은 가입 가능한 행정공제회가 있습니다. 교사의 경우는 더욱 폭넓게, 국공립 및 사립 교사 모두가 교직원공제회 가입이 가능합니다. 이는 일반 공무원에 비해 더욱 안정적인 은퇴를 설계할 수 있는 기반이 됩니다.

Basic 3 :
교직원공제회 꿀혜택

90만 명의 교육 종사자들이 소속되어 있는 교직원공제회는 교육 종사자들의 안정적인 생활과 복지 향상을 목적으로 하는 기관으로[2] 1971년에 설립되었고 정식 명칭은 한국교직원공제회입니다.

교직원공제회에서는 회원들의 안정된 노후를 보장하기 위해 저축제도, 보험 및 대여와 같은 다양한 공제제도를 운영하고 있고 호텔과 콘도를 포함한 다양한 복지 서비스를 제공하고 있습니다. 이 중에서도 '저축제도'는 교사에게 가장 중요한 핵심 서비스로 자리매김하고 있습니다.

저축제도의 핵심 상품은 고이율 저율과세 저축상품인 '장기저축급여'

---

[2] 대한교원공제회법[시행 1971.1.22.][법률 제2296호, 1971. 1. 22., 제정]. 현행 한국교직원공제회법[법률 제20183호].

입니다. 이 상품은 퇴직 후 원한다면 일시금이 아닌 연금처럼 받을 수 있는 구조로 되어 있어, 안정적인 노후 준비에 큰 역할을 합니다. 이외에도 재직자들의 목돈 마련에 큰 도움을 주는 목돈급여 상품과 퇴직자들의 안정된 노후생활을 위한 퇴직생활급여 상품 등도 제공하고 있습니다.

장기저축급여의 이율은 시중 은행의 저축상품 금리와 한국은행의 기준금리 변동에 따라 결정되는 '퇴직급여율'에 의해 정해집니다. 퇴직급여율은 지표금리 + 가산금리로 결정됩니다.

지표금리는 저축상품 금리, 한국은행 기준금리, 조정경상이익률을 각기 50%, 30%, 20%씩 반영한 가중평균 값입니다. 여기에 가산금리가 0.5~2.0%p 정도 수준으로 결정됩니다. 2025년 3월 기준 퇴직급여율은 연복리 4.90%(변동금리, 세전)로, 한국은행에서 2025년 1월 발표한 저축성수신금리[3] 3.07%보다 1.83%p 높습니다.[4] 그리고 2019년 9월 이전에는 재직기간이 길수록 퇴직급여율이 높아지는 구조였는데 현재는 재직기간에 관계없이 모든 사람에게 동일한 퇴직급여율을 적용하고 있습니다.

장기저축급여의 또 다른 주목할 만한 특징은 저율과세입니다. 0~3%대로 형성되어 있는 이 과세율은 일반적으로 지방세를 포함한 이자소득세율이 15.4%인 것에 비하자면 상당한 세금 혜택이라고 할 수 있습니다. 더욱이 시중 은행 상품을 이용하는 경우 금융소득이 연간 2,000만 원을 초

---

[3] 한국은행에서 시중은행의 예적금 상품들의 금리를 가중평균한 수치의 금리로 고정값으로 정해져 있다. 이 수치는 신규취급액 기준이다.
[4] 한국은행 경제통계시스템, 예금은행 수신금리(신규취급액 기준)

과하는 경우 초과분이 종합소득과세 대상이 되는 반면 장기저축급여로 발생하는 이자소득은 금융소득종합과세 대상에서 제외됩니다.

교직원공제회는 이외에도 보험을 포함한 다양한 상품들을 제공하고 있는데 일반 시중 상품보다 유리한 것이 많습니다. 특히 젊은 선생님일수록 내집마련을 할 때 교직원공제회의 일반대여 상품으로 큰 도움을 받을 수 있습니다. 내집마련을 할 때는 대출이 필요한 경우가 많습니다. 국가기금의 대출이 아닌 이상 보통의 주택담보대출은 대출규제(DSR)[5]로 인해 대출 금액에 제한이 생기는데, 이 교직원공제회의 일반대여는 대출규제(DSR)에 포함되지 않습니다. 신용평점 909점~1,000점(1~2구간)일 경우, 장기저축급여 가입 기간에 따라 최대 대출 규모가 달라지는데, 5년 미만은 8천만 원 10년 미만은 9천만 원 10년 이상은 1억 원입니다. 이 대출 상품은 최대 2년 거치가 가능한데 거치 기간이 끝나기 전 재대여를 신청하여 거치 기간을 연장할 수 있습니다. 그러면 퇴직 전까지 이자만 납부할 수도 있습니다. 이 대출을 받기 위해서라도 1년이라도 일찍 공제회에 최소금액 3만 원이라도 가입하는 것이 좋습니다.

또한 〈한국교직원공제회법〉 제13조에 따라 교육부장관은 회원의 부담

---

5   총부채원리금상환비율(DSR) : 차주의 상환능력 대비 원리금상환부담을 나타내는 지표로서, 차주가 보유한 모든 대출의 연간 원리금상환액을 연간소득으로 나누어 산출된다. 대출에는 마이너스통장, 신용대출, 전세자금대출, 자동차할부금융 등이 모두 포함된다. 한편, 유사한 개념인 총부채상환비율(DTI)과 비교할 때, DTI는 원금상환액 중 주택담보대출 원금상환액만 포함하는 반면, DSR (Debt Service Ratio)은 주택담보대출을 포함한 모든 대출의 원금상환액을 포함한다는 점에서 차이가 있다.
    출처 : 한국은행 경제용어사전

금으로 운영되는 사업의 결손에 대하여 보조금을 지급하도록 규정하고 있으므로 혹여 맡겨놓은 원금 및 이자를 받지 못할까 걱정하실 필요도 없습니다.

3장

총 은퇴준비금 계산하기

- 월 적정 생활비 계산하기
- 총 은퇴준비금 계산하기: 은퇴기 3단계

월 적정 생활비 계산하기

퇴직 이후에 필요한 돈은 얼마일까요? 누군가가 월 300만 원 정도일 것이라고 말하면 다른 누군가는 500만 원은 준비해야 한다고 조언합니다. 누구의 말이 맞는 걸까요? 한번 생각해 봅시다.

누구나 은퇴 후 충분한 돈을 보유하기를 원합니다. 그런데 은퇴 계획을 세울 때 반드시 고려해야 할 가장 중요한 것이 하나 있습니다. 바로 '현재의 삶'입니다. 월 연금액을 500만 원 또는 그 이상의 금액으로 준비하는 것은 분명 은퇴 이후에는 좋은 일일 것이지만 이를 위해서는 현재 삶의 일정 부분을 희생해야만 할 것입니다.

필요한 돈이 얼마일지를 한번 계산해 보는 지금 이 시도 자체가 단순하게 '많은' 금액을 목표로 잡고 무작정 모아 나가려는 게 아니라, 현재의 삶

또한 행복하게 살도록 해 주는 '적절한' 금액을 현명하게 설정하고 싶다는 것을 의미할 것입니다. 은퇴 이후뿐만 아니라 은퇴 이전도 나와 내 가족이 충분히 행복하게 살아야 하니까요.

즉 충분한 돈을 모으지 못한 것만이 부적절한 은퇴 계획이 아닙니다. 무리한 금액을 목표로 설정하는 것, 그리고 구체적인 계획을 세우지 않고 무작정 큰 금액을 준비하기 위해 무리하게 투자하는 것도 부적절한 은퇴 계획입니다.

이제 본격적으로 계산해 보겠습니다. 어느 정도의 월 생활비를 설정하는 것이 바람직할까요? 주로 사용되는 방법은 아래 두 가지입니다.

■ 월 적정 생활비 설정하기

방법 1 은퇴 전 생활비의 70% 수준

방법 2 통계 자료 참고

- 통계 ① : 부부가 필요로 하는 적정 생활비 336만 원[1]
- 통계 ② : 부부가 필요로 하는 적정 생활비 337만 원, 개인이 필요로 하는 적정 생활비 219만 원[2] (거주지역 서울 기준)

두 방법 모두를 참고하여 적정 생활비를 설정해 봅시다. 통계 자료를

---

[1] 통계청(2024), 〈2024 가계금융복지조사 보고서〉, 통계청.
[2] 한신실, 홍정민, 박주혜(2024), 〈중·고령자의 경제생활 및 노후준비 실태 : 제10차(2023년도) 국민노후보장패널조사(KReIS) 본조사 기초분석보고서〉, 국민연금공단 국민연금연구원(NPS).

기준으로 하되 30% 내외로 증액한 금액을 적정 생활비로 설정해 보시기를 제안드립니다. 이렇게 하면 준비하기에 부담이 되지 않으면서도 누적될 인플레이션에 대비할 수 있는 금액이 산출되기 때문입니다.

그럼 이제 우리는 국민연금연구원에서 제시한 통계 ②의 '부부 필요 적정 생활비 월 337만 원'을 기준으로 삼고 은퇴 시 필요한 총 금액을 계산해 보겠습니다. 은퇴 시점부터 남은 기대 수명까지의 기간에 적정 생활비를 곱하면 됩니다. 통계청[3]에 따르면 2023년 출생아의 기대 수명은 83.5년(남자 80.6년, 여성 86.4년)입니다. 우리는 넉넉히 90세까지를 고려해 보겠습니다.

337만 원에 30%를 증액하여 월 적정 생활비를 438만 원으로 잡고, 60세에 은퇴하여 61세부터 90세까지의 30년 동안 필요한 금액은 아래와 같이 계산됩니다.

> ■ 총 은퇴준비금 계산하기
>
> (부부 337만 원 × 130%) × 12개월 × 30년
>
> = 438만 원 × 12개월 × 30년
>
> = 15억 7,680만 원

현재 가치로 15억 7,680만 원을 총 은퇴준비금으로 마련하자는 계산이 나옵니다. 이 금액에서 퇴직 후 수령할 퇴직연금액을 빼면 퇴직 전까지

---

[3] 통계청(2024). 〈2023년 생명표〉. 통계청.

준비해야 하는 금액이 나옵니다.

  만약 퇴직 후에 공무원 연금으로 매달 200만 원씩을 수령한다면 30년 동안 총 수령액은 7억 2천만 원입니다. 그러면 은퇴 전까지 준비할 금액은 8억 5,680만 원으로 정리됩니다. 연금을 매달 300만 원씩 수령한다면 총 수령액은 10억 8천만 원이고 은퇴 전까지는 4억 9,680만 원을 준비하면 됩니다.

■ **은퇴 전까지 준비할 금액 계산하기**

- **연금을 월 200만 원 수령하는 경우**

  15억 7,680만 원 - 7억 2,000만 원 = 8억 5,680만 원

- **연금을 월 300만 원 수령하는 경우**

  15억 7,680만 원 - 10억 8,000만 원 = 4억 9,680만 원

총 은퇴준비금 계산하기 : 은퇴기 3단계

은퇴 시기를 언제로 생각하고 계신가요? 은퇴 시기에 대해 조금 심도 있게 고민하면 앞서 계산한 총 은퇴준비금을 더 줄일 수 있습니다.

한 인간이 20대, 30대, 40대를 살아가다 보면 여러 모로 차이가 있다는 것을 체감하실 것입니다. 은퇴기도 마찬가지입니다. 은퇴 이후 어떤 연령대에 있는지에 따라 생활이 다르고 지출이 다릅니다. 은퇴는 일반적으로 활동기, 회상기, 간병기의 세 단계로 구분할 수 있습니다[4]. 각 시기별 특징은 다음과 같습니다.

---

4 이경우, 조혜진, 홍순태(2020), 은퇴설계, 한국FPSB

■ **은퇴기 3단계**

1. 활동기

- 은퇴 시점부터 70대 초반까지
- 건강하며 모든 일에 의욕적인 시기
- 여행이나 스포츠 취미 등 여가 활동을 적극적으로 즐기는 시기

2. 회상기

- 70대 초반부터 후반까지
- 건강은 양호한 시기
- 사회 활동이 줄어들고 인생을 돌아보는 시기

3. 간병기

- 80대 이후부터 생애 마지막까지
- 거동이 불편해지고 타인의 도움이 필요한 시기

활동기에서 간병기로 넘어갈수록 활동량이 감소하는 것을 확인할 수 있습니다. 어른들이 사용하시는 말 가운데 "무릎에 힘이 있을 때"라는 표현이 있는데 이 시기의 변화가 녹아 있는 표현 같습니다. 사실 활동량 변화는 생활비와 밀접한 관련이 있습니다. 활동을 하거나 어딘가를 방문하는 빈도가 많을수록 더 많은 비용이 필요하기 때문입니다. 그런데 앞서 언급한 월 생활비 438만 원은 활동기를 기준으로 한 금액입니다. 회상기나 간병기에 필요한 금액은 더 적어져야 맞습니다.

그렇다면 회상기와 간병기에는 어느 정도의 금액이 필요한 것일까요? NH100세시대연구소에 따르면 회상기에는 활동기의 70%, 간병기에는 활동기의 50% 수준의 생활비가 필요한 것으로 조사되었습니다. 이는 은퇴하신 주변 분들의 경험을 들어 보아도 어느 정도 일치하는 수준입니다.

그러면 부부의 월 필요 생활비는 활동기에는 438만 원이고, 회상기는 306만 원, 간병기는 219만 원입니다. 이를 적용하여 총 은퇴준비금을 다시 계산해 보겠습니다.[5]

■ **총 은퇴준비금 계산하기 : 은퇴기 3단계 고려**

1. **활동기** : (부부 337만 원 × 130%) × 100% × 12개월 × 10년 = 5억 2,560만 원
2. **회상기** : (부부 337만 원 × 130%) × 70% × 12개월 × 10년 = 3억 6,720만 원
3. **간병기** : (부부 337만 원 × 130%) × 50% × 12개월 × 10년 = 2억 6,280만 원

총 11억 5,560만 원

기존에 15억 7,680만 원을 준비해야 한다고 생각했던 것보다 약 4억 원이 줄어든 것을 확인할 수 있습니다. 공무원 연금으로 월 200만 원씩을 받는다면 4억 3,560만 원이 추가로 필요하고, 월 300만 원씩 받는다면 7,560만 원이 더 필요합니다.

---

[5] 김주경. 2019.09.16. '노후 생활비' 얼마면 될까요?. 이지경제.
http://www.ezyeconomy.com/news/articleView.html?idxno=93732. 2025.01.16. 접속.

> ■ 은퇴 전까지 준비할 금액 계산하기 : 은퇴기 3단계 고려
> - 연금을 월 200만 원 수령하는 경우
>   11억 5,560만 원 - 7억 2,000만 원 = 4억 3,560만 원
> - 연금을 월 300만 원 수령하는 경우
>   11억 5,560만 원 - 10억 8,000만 원 = 7,560만 원

이제 무작정 연금을 준비하는 것이 아니라 현실적이고 구체적인 준비 금액을 확인해 보는 기본 과정을 마치셨습니다. 그렇다면 이 금액을 재직 중에 어떻게 준비할 수 있을까요?

은퇴 후 노후 자금을 마련하는 방법은 사람마다 다양합니다. 어떤 이는 주식 배당금을 통해 준비하고, 또 다른 이는 주택이나 상가 월세로 준비하며, 누군가는 연금저축, 교직원공제회, 보험, 은행 예적금 등을 활용하여 준비할 것입니다. 어느 하나가 정답이라고 말할 수는 없습니다. 여러 방법들 중에서 가장 접근하기 쉽고 혜택이 좋으며 관리하기 편한 것부터 준비하는 것이 바람직할 것입니다.

우리는 국민이자, 공무원이자, 교사입니다. 각 지위별로 연금 재원 마련에 있어 국민으로서는 '연금저축'을, 공무원으로서는 '공무원연금'을, 교사로서는 '교직원공제회'를 활용하는 것이 가장 기본적인 접근 방법일 것입니다.

물론 주식이나 부동산 등을 통해 추가적인 자금을 마련할 수도 있겠습니다만 이 책에서는 공무원연금, 연금저축, 교직원공제회 이 세 가지를

재원으로 은퇴 자금을 마련하는 방법에 대해 집중해 보고자 합니다. 이 세 가지 수단은 '3층 연금제도'라는 체계로 정리할 수 있습니다. 이제 이 3층 연금제도에 대해 자세히 알아보도록 하겠습니다.

4장

연금제도는 3층 구조

- 연금은 누구나 3층 구조!
- 연금제도 3층 구조 비교: 사기업 근로자 & 교사
- 미리 하는 은퇴설계 기초: 1~3층 연금으로 내 은퇴준비금 꽉 채워 보기

연금은 누구나 3층 구조!

연금제도가 3층의 구조로 이루어져 있다는 것은 사실 많은 직장인들에게 잘 알려져 있는 바입니다. 교사도 교사가 아닌 직장인도 모두 3층 연금제도가 적용됩니다.

이 3층 연금제도는 실제로 법률이나 행정제도로 있는 명칭은 아닙니다. 연금의 구조를 빠짐없이 해설하기 위해 만들어진 개념입니다. 세 개의 층을 일종의 체크리스트처럼 활용할 수 있어서 더욱 유용한 개념이라고 할 수 있습니다. 이를 우선 그림으로 표현하면 다음과 같습니다.

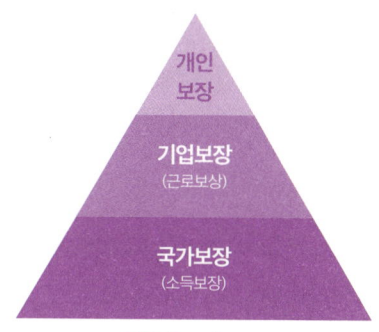

연금제도 3층 구조

	명칭	재원 조성 방법	기타
1층	국가 보장	국가와 개인이 분담하여 재원을 만듦.	국민의 기본적 노후 소득을 보장하기 위한 것임.
2층	기업 보장	기업이 전액 부담하여 재원을 만듦.	안정적 노후 소득을 보장하기 위한 것으로, 근로에 대한 보상의 의미임. 세칭 '퇴직금'.
3층	개인 보장	개인이 필요에 따라 재원을 조성하고 만듦.	여유로운 노후 소득을 보장하기 위한 것으로, 다양한 형태와 상품이 있음.

　1층은 국가 보장 성격의 연금으로, 국민이 노후에 기본적인 생활을 가능하게 할 소득을 어느 정도 보장하기 위한 연금입니다. 이는 국가와 개인이 각기 일정 부분을 부담하여서 재원을 조성합니다.
　2층은 기업 보장 성격의 연금으로, 기업이 근로자의 근로에 대한 보상의 일종으로서 전액을 부담해 연금 재원을 조성합니다.
　3층은 개인 보장 성격의 연금으로, 개인이 각자의 필요나 취향에 따라 자신의 자금으로 선택적으로 조성한 연금입니다. 금융권에 있는 다양한 개인연금 상품들이 여기에 해당합니다.

　그러면 간단한(?) 퀴즈를 하나 드려 보겠습니다. 다음은 시중에 있는 다양한 '연금'인데 이를 1~3층으로 한번 구분해 보시기 바랍니다. 바로 아래에 답을 제시해 두었으니 가볍게 확인해 보시기 바랍니다.

■ **다양한 연금들 : 11가지 예**

공무원연금, 국민연금, 군인연금, 사학연금, 기초연금, 퇴직연금(DC, DB, IRP), 연금저축(연금저축신탁, 연금저축펀드, 연금저축보험), 연금보험(변액연금보험, 종신연금보험, 변액유니버셜연금), 교직원공제회, 주택연금, 농지연금

	명칭	예
1층	국가 보장	공무원연금, 국민연금, 군인연금, 사학연금, 기초연금
2층	기업 보장	퇴직연금(DC, DB, IRP)
3층	개인 보장	연금저축(신탁, 펀드, 보험), 연금보험(변액연금보험, 종신연금보험, 변액유니버셜연금), 교직원공제회, 주택연금, 농지연금

연금제도 3층 구조 비교
: 사기업 근로자 & 교사

앞서 살펴본 다양한 연금들 가운데 대표적인 것을 뽑아 사기업 근로자와 교사의 3층 연금 구조를 비교해 정리하면 다음 그림과 같습니다.

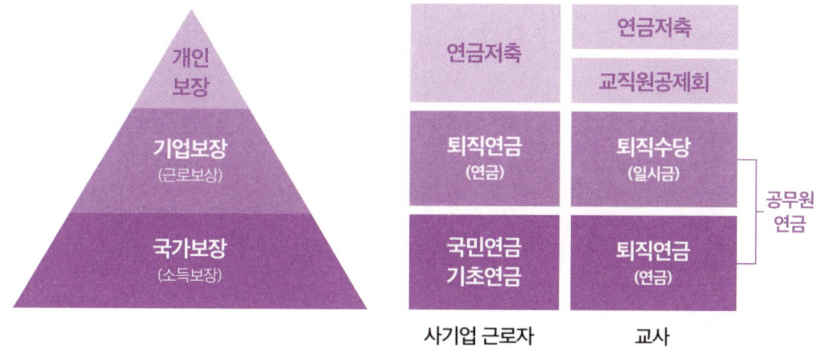

연금제도 3층 구조 비교(제도) : 사기업 근로자 & 교사

1층 국가보장 연금에 있어서 교사는 공무원이므로 국민연금 대신 공무원연금을 받게 됩니다. 그리고 공무원은 기초연금 수급 대상자가 아닙니다.

2층 연금에 대해서는 설명을 드릴 사항이 있어서, 우선 3층 개인보장 연금부터 보겠습니다. 3층 개인보장 연금의 핵심은 가장 좋은 혜택을 주는 금융상품을 선택하는 것이라 할 수 있습니다. 사기업 근로자와 교사 모두에게 추천할 수 있는 상품으로서는 정책적으로 운용되는 '연금저축'을 가장 우선적으로 추천할 수 있겠고, 교사이기에 이용할 수 있는 '교직원공제회'를 포함하여 이 둘을 3층 개인보장 연금의 기본으로 선택하는 것이 이상적이라 생각합니다. 연금보험이나 주택연금, 농지연금 등은 특정 상황일 경우에만 추천될 수 있는 성격의 상품이기에, 각 상품의 특징을 이해한 뒤, 개인의 상황에 따라 추가하는 것이 좋다고 생각합니다.

2층 기업보장 연금에 대해서는 짚고 넘어가야 할 사항이 있습니다. 교사는 기업에 소속되어 있지 않기 때문에 2층 연금 부분이 없다고 생각하는 경우가 많습니다. 하지만 그렇지 않습니다. 실제로 공무원연금은 1층 부분과 2층 부분을 뭉뚱그려 지급하지 않고, 분명히 각기 구분하여 지급하고 있습니다. 다음은 공무원연금공단에서 제공하고 있는 〈공무원연금 가이드북[1]〉에 제시되어 있는 급여의 구조입니다. 이를 참고해 봅시다.

---

1 공무원연금공단(2022). 〈공무원연금 가이드북〉. p.09.

구분	종류		재원부담
소득보장 — 재직기간 10년 이상	**퇴직공무원**: 퇴직연금, 퇴직금연금일시금 등	**유족**: 퇴직유족연금, 퇴직유족연금일시금 등	정부 + 공무원
소득보장 — 재직기간 10년 미만	**퇴직공무원**: 퇴직일시금	**유족**: 퇴직유족일시금	정부 + 공무원
근로보상	**퇴직수당**: 재직 1년 이상, 민간기업의 퇴직금과 유사 성격		정부

'소득보장' 부분에 퇴직연금이 있고 이와 달리 '근로보상' 부분에 퇴직수당이 있습니다. 즉 교사에게 있어서 공무원연금 가운데 퇴직연금은 1층 연금에 해당하고, 퇴직수당이 2층 연금에 해당하는 것입니다.

그러면 이렇게 분명히 2층 연금이 있는데도 '공무원들은 퇴직금이 없다'라는 오해가 생긴 것은 어째서일까요? 이는 사기업 근로자의 2층 연금의 이름과 공무원 1층 연금의 이름이 동일해서 생긴 혼선입니다. '퇴직연금'을 사기업 근로자는 퇴직금이라는 일시금으로 받고 공무원은 연금으로 받는 것이라는 잘못된 인식이 널리 퍼져 있는 것일 뿐입니다.

하지만 앞서 살펴보았듯이 사기업 근로자가 받는 국민연금에 대응하는 개념이 공무원의 퇴직연금이고, 사기업근로자가 받는 퇴직금에 대응하는 개념이 공무원의 퇴직수당입니다.

중요한 본질은 명칭이 아니라 재원 마련의 주체입니다. 국민의 기본적인 소득을 보장하기 위해서 국가와 개인이 함께 부담해 마련하는 것이 1층 연금이고, 근로에 대한 일종의 보상으로 기업 즉 사용자가 전액 부담하는 것이 2층 연금이라고 하였습니다. 따라서 국가의 부담금과 공무원의 기여금으로 구성된 퇴직연금과 달리, 사용자인 국가의 부담금으로 전액 지급하는 퇴직수당이 교사의 2층 연금, 소위 '퇴직금'에 해당합니다.

그런데 이 퇴직수당은 일시금으로 지급됩니다. 사기업 근로자들이 퇴직금을 일시금으로도 받지만 연금 형태로 받는 것처럼 교사도 퇴직수당을 일시금이 아닌 매달 지급되는 연금 형태로 바꿀 수 있어야 합니다. 그러면 일시금으로 받은 퇴직수당이 다른 용도로 누수되는 것을 방지할 수 있고, 퇴직수당이 연금의 용도로 합목적적으로 사용되도록 개인의 행동을 효과적으로 유도할 수 있기 때문입니다.

이처럼 퇴직수당을 일시금이 아니라 연금으로 지급받는 것으로 바꾼 것을 '퇴직수당연금'이라 칭할 수 있겠습니다. 이는 공무원연금공단에서 사용하는 공식적인 용어는 아니고, 이 책에서 사용하는 용어입니다. 이렇게 용어를 만들어 사용하는 것은 퇴직수당 일시금을 연금으로 만드는 특별한 선택 행위에 대해 보다 명확하게 인식하고자 함입니다.

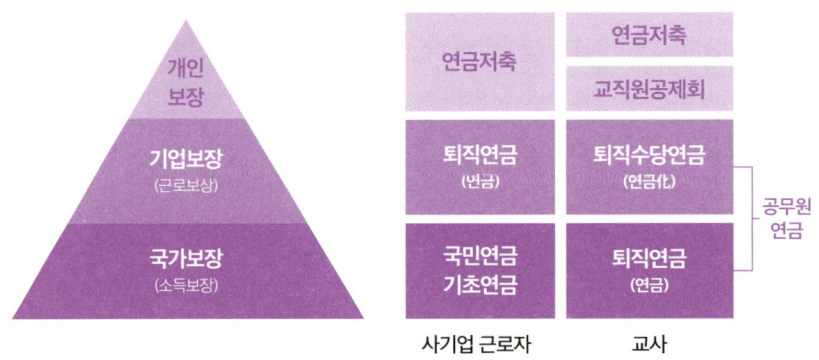

연금제도 3층 구조 비교(제도) : 사기업 근로자 & 교사

미리 하는 은퇴설계 기초
: 1~3층 연금으로 내 은퇴준비금 꽉 채워 보기

앞서 3장에서 은퇴기 3단계의 씀씀이까지 고려한 '총 은퇴준비금'을 아래와 같이 계산해 보았습니다[2]. 이를 연금제도 3층 구조를 바탕으로 마련해 보겠습니다.

■ **총 은퇴준비금 : 은퇴기 3단계 고려**

1. **활동기** : (부부 337만 원 × 130%) × 100% × 12개월 × 10년 = 5억 2,560만 원
2. **회상기** : (부부 337만 원 × 130%) × 70% × 12개월 × 10년 = 3억 6,720만 원
3. **간병기** : (부부 337만 원 × 130%) × 50% × 12개월 × 10년 = 2억 6,280만 원

총 11억 5,560만 원

---

2 총 은퇴준비금의 계산식 도출 과정 등 자세한 내용은 이 책의 3장에 제시되어 있다.

총 은퇴준비금을 3층 연금구조를 바탕으로 채우는 것이 곧 은퇴설계의 기본이라고 볼 수 있습니다. 우선 은퇴 시점에, 그 이전까지의 근로를 통해 확보되어 있을 1~2층 연금액이 얼마일지를 추정해 봅시다. 추정된 1~2층 연금액으로 채 메꾸어지지 않은 금액이 우리가 3층 연금, 즉 개인연금으로 추가로 마련할 필요가 있는 금액입니다. 사기업 근로자와 교사의 경우를 나누어 60세에 퇴직하고, 61세부터 90세까지 30년간의 노후를 위한 추가 마련 필요금액을 아래와 같이 설계해 보았습니다. 교사의 경우 연금을 월 200만 원을 받는 경우와 300만 원을 받는 경우 두 가지로 계산해 보았습니다.

■ **사기업 [근로자 A]의 은퇴설계** (예)

(1) 총 은퇴준비금				11억 5,560만 원
(2) 연금	1층	국가 보장	월 1,500,000원(국민연금) 및 기초연금 미대상자 기준	5억 4,000만 원
	2층	기업 보장	월 800,000원(DC 퇴직연금) 기준	2억 8,800만 원
	1층 + 2층			8억 2,800만 원
(1) - (2) = 추가 마련 필요금액 (3층 연금 준비 필요금액)				3억 2,760만 원

■ **[교사 A], [교사 B]의 은퇴설계** (예)

(1) 총 은퇴준비금				11억 5,560만 원
(2) 연금	1층	국가 보장	[교사 A] 월 200만 원 수령 기준	7억 2,000만 원
	2층	기업 보장	퇴직수당	9,000만 원
	1층 + 2층			8억 1,000만 원
(1) - (2) = 추가 마련 필요금액 (3층 연금 준비 필요금액)				3억 4,560만 원

(1) 총 은퇴준비금				11억 5,560만 원
(2) 연금	1층	국가 보장	[교사 B] 월 300만 원 수령 기준	10억 8,000만 원
	2층	기업 보장	퇴직수당	9,000만 원
	1층 + 2층			11억 7,000만 원
(1) - (2) = 추가 마련 필요금액 (3층 연금 준비 필요금액)				0원

[근로자 A]는 부부의 노후 생활을 위해 현재 가치로 3억 2,760만 원을 퇴직 전까지 마련해야 합니다. 이 금액은 3층 연금인 개인 연금저축 등으로 조성해 둘 준비를 해야 합니다.

[교사 A]는 퇴직연금을 월 200만 원씩 수령할 계획이고 [교사 B]는 300만 원씩 받을 예정인 경우를 가정해 보았습니다. [교사 A]가 3층 연금 즉 개인 연금으로 조성해 둘 필요가 있는 금액은 3억 4,560만 원인데 [교사 B]의 경우는 3층 연금으로 추가로 준비해야 할 금액이 0원입니다. 1~2층 연금만으로도 총 은퇴준비금이 채워지기 때문입니다.

[교사 A]와 [교사 B]의 은퇴설계를 확인했다면 어느 쪽의 삶을 선택할지 고민할 수 있을 것입니다. 200~300만 원 사이의 금액을 퇴직연금으로 설정해야겠다는 계획을 세우게 될 수도 있겠습니다.(퇴직시기를 조정하여) 실제로 퇴직연금을 월 280만 원 받는다면 아래와 같은 은퇴설계가 나옵니다. 3층 연금으로 5,760만 원을 별도로 준비하면 됩니다.

(1) 총 은퇴준비금				11억 5,560만 원
(2) 연금	1층	국가 보장	[교사 C] 월 280만 원 수령 기준	10억 800만 원
	2층	기업 보장	퇴직수당	9,000만 원
	1층 + 2층			10억 9,800만 원
(1) - (2) = 추가 마련 필요금액 (3층 연금 준비 필요금액)				5,760만 원

이렇게 별도로 준비할 금액을 확인했다면, 여기에 세금이나 건강보험료 등의 비용, 의료비나 간병비, 여가 생활비 같은 추가적인 지출을 위한 계획을 세우고 이 또한 3층 연금(교직원공제회 및 개인 연금저축)으로 준비해 나가면 됩니다.

이렇게 3층 연금제도를 활용하면 기초적인 재원부터 시작하여 최종적으로 본인이 마련해야 할 금액을 구체적으로 계산하여, 연금액의 과부족 현상을 줄일 수 있게 됩니다.

연금은 단순히 많이 모으는 것이 목표가 아닙니다. 과도하게 큰 금액의 연금을 목표로 할 경우, 많은 현재의 가치를 포기해야 합니다. 또한 그 마련 방법에 따라 은퇴 생활 중 위험이 발생할 수 있습니다. 예를 들어 주식이라면 주가의 변동성, 부동산이라면 공실 위험이나 가격 하락이 발생할 수 있고 이로 인해 안정적인 노후 생활이 흔들릴 수도 있습니다.

이렇게 연금은 기초부터 탄탄하게 설계하는 것이 중요합니다. 무작정 많이 모으는 것이 능사가 아니라 필요한 목표 금액을 정확히 설정하고, 3층 연금제도를 기본으로 하여 재직 중 모아야 하는 금액을 구체적으로 계산하는 것이 현명한 은퇴 설계의 정석이라 할 수 있습니다.

여기까지 읽으셨다면 이제 연금을 어떻게 설계해야 하는지 그 기초를 확실하게 이해하셨을 것입니다. 이제는 본격적으로 3층 연금의 각 층에 대해 살펴보도록 하겠습니다.

5장

연금액 계산의 기본식

- 완전 쉽다! 월 연금액 기본식 구조
- 월급 이해하기
- 지급률 & 재직 기간 따져보기:
  40년 일했는데 36년만 인정받을 수도 있다?
- 연금 지급 개시 연령: 퇴직했다고 바로 나오는 게 아니다!

완전 쉽다!
월 연금액 기본식 구조

연금이 중요한 이유는 우리의 은퇴 설계 때문입니다. 은퇴한 이후의 생활을 설계하기 위해서는 필요금액을 설정하고, 내가 연금으로 수령 가능한 금액이 얼마인지를 계산해야 그 차액을 따져 별도로 준비할 금액이 얼마인지를 계산할 수 있습니다. 필요금액은 앞부분에서 따져보고 계산해 보았습니다.

 별도로 준비할 금액의 크기를 알면 현재 내가 얼마를 소비해도 무방한지를 알 수 있기 때문에 현재 삶을 보다 안락하고 안정되게 보낼 수 있습니다. 그래서 내가 연금으로 얼마를 수령하게 되는지 계산해 볼 필요가 있는 것입니다. 예상 연금액을 산출해 봅시다. 수식을 쉽고 간단하게 해설해 드리고자 합니다.

 우선 실제 계산식을 살펴보기 전에 식의 구조를 간단하게 이해해 보도록 하겠습니다. 공무원연금은 기본적으로 '소득비례연금'입니다. 소득을 기준으로 두고 이에 비례하여 연금액을 산출하는 구조라는 말이 됩니다. 그러면 계산 구조의 기본 틀은 다음과 같을 것입니다.

> 월 연금액 = 월 소득액 × (어떤 요소)

그럼 한번 생각해 봅시다. '어떤 요소'에는 무엇이 개입될까요? 연금에 오래 가입한 사람이 더 많은 연금액을 받고 짧게 가입한 사람은 적은 연금액을 받는다는 논리가 자연스럽게 느껴지실 것입니다. 연금을 내는 기간인 '재직 기간'이 어떤 요소에 반영된다는 말입니다. 그러면 수식을 다음과 같이 다시 정리해 볼 수 있습니다.

> 월 연금액 = 월 소득액 × 재직 기간

수식이 정확하게 이와 같다면 재직 기간이 길어질수록 월 연금액이 굉장히 커질 것이 분명합니다. 재직 기간 혹은 월 소득액에 어떤 비율을 적용하여 숫자를 낮추면 월 연금액이 상식적인 수준으로 조정될 것입니다. 그래서 실제 수식에서는 월 소득액을 조정하는 '어떤 비율'을 가미하고 있습니다.

> 월 연금액 = (월 소득액 × 어떤 비율) × 재직 기간

만약에 '어떤 비율'이 2%라면 그리고 월 소득이 400만 원이라면 재직

기간 1년마다 월 연금액이 8만 원씩 생성되는 셈입니다. 그렇다면 재직기간이 10년인 경우에는 월 연금액을 80만 원 받고, 30년 재직했다면 240만 원을 매월 수령하게 되는 것입니다.

'어떤 비율'의 정확한 명칭은 '지급률'입니다. 결국 연금 수령액은 세 가지 요소에 의해 결정됩니다. '월 소득액', '지급률', '재직 기간'이라는 세 가지 요소 말입니다. 공무원 연금이 여러 차례 개정되었지만 이 기본 계산식의 구조는 변하지 않았습니다. 각 요소의 정확한 법률적 정의와 산정 방법을 소개하도록 하겠습니다.

[기본식] 월 연금수령액 = 월 소득액 × 지급률 × 재직 기간

월급 이해하기

> 잠깐!
> 본 장에서는 기준소득월액을 간편 계산하는 방법을 알려드리기 위해, 일부 내용을 생략하였습니다. 용어의 상세 의미와 아주 정확한 계산에 대한 이해를 원하시는 선생님께서는 108쪽 [깊이 알아보기: 정확한 예상 연금 수령액 계산방법]을 확인하시기 바랍니다.

[기본식] 월 연금수령액 = 월 소득액 × 지급률 × 재직 기간

연금수령액의 첫 번째 요소, '월 소득액'의 의미에 대해 알아보겠습니다. 월 소득액 개념은 '기본급(봉급) + 수당'으로 정의됩니다.

당연하게 받아들일 수 있으시겠지만 사실 수당을 어느 범위까지 포함할 것인가에 따라 월 소득액이 다르게 산출되는 것입니다. 즉 매달 받는 수당만을 포함시킬지, 매년 받는 수당도 포함시킬지, 비과세 수당도 포함시킬지 등 다양한 기준에 따라 수당의 액수가 크게 좌우됩니다.

실제 공무원연금법에서는 월 소득액을 두 가지 용어로 정의하고 있습니다. 2010년 이전에 사용하던 '보수월액'과 2010년 이후부터 사용되고 있는 '기준소득월액'입니다. 이 두 가지 월 소득액의 정의는 다음과 같습니다.

- 2010년 1월 1일 이전
  보수월액 = (1년치 봉급, 정근수당, 정근수당가산금을 합한 금액) ÷ 12개월

- 2010년 1월 1일 이후
  기준소득월액 = (1년치 연봉에서 비과세수당을 제한 금액(=1년치 과세소득)) ÷ 12개월

예시를 통해 계산해 보겠습니다. 다음은 누군가의 2018년도 연도별 급여 총 지급현황 표입니다. 2010년 이전에는 월 소득액(보수월액)이 다음과 같습니다.

(본봉 30,821,200원 + 정근수당 1,752,160원 + 정근수당가산금 600,000) ÷ 12개월 = 보수월액 2,764,446원

연도별 급여 총 지급현황

2018년도
성과상여금 3,736,360원

급여구분	항목명	1월	2월	3월	4월	5월	6월	7월	8월	9월	10월	11월	12월	계
월급여	본봉	2,431,200	2,575,000	2,503,100	2,503,100	2,503,100	2,503,100	2,503,100	2,503,100	2,699,100	2,699,100	2,699,100	2,699,100	30,821,200
월급여	정근수당	850,920	25,160	0	0	0	0	876,080	0	0	0	0	0	1,752,160
월급여	정근수당 가산금	50,000	50,000	50,000	50,000	50,000	50,000	50,000	50,000	50,000	50,000	50,000	50,000	600,000
월급여	정액급식비	130,000 100,000	130,000 100,000	130,000 100,000	130,000 100,000	130,000 100,000	130,000 100,000	130,000 100,000	130,000 100,000	130,000 100,000	130,000 100,000	130,000 100,000	130,000 100,000	1,560,000
월급여	명절휴가비	0	1,501,860	0	0	0	0	0	0	1,619,460	0	0	0	3,121,320
월급여	교직수당	250,000	250,000	250,000	250,000	250,000	250,000	250,000	250,000	250,000	250,000	250,000	250,000	3,000,000
월급여	교직수당 (가산금4)	130,000	130,000	130,000	130,000	130,000	130,000	130,000	130,000	130,000	130,000	130,000	130,000	1,560,000
월급여	가족수당 (배우자)	40,000	40,000	80,000	40,000	40,000	40,000	40,000	40,000	40,000	40,000	40,000	40,000	520,000
월급여	시간외근무수당 (정액분)	-6,890	21,300	7,100	106,540	106,540	106,540	106,540	106,540	106,540	106,540	106,540	213,080	1,086,910
월급여	시간외근무수당 (초과분)	0	0	0	0	42,610	0	127,840	0	0	0	0	42,610	213,060
월급여	교원연구비 (유·초등신임상)	55,000 55,000	55,000 55,000	55,000 55,000	55,000 55,000	55,000 55,000	55,000 55,000	55,000 55,000	55,000 55,000	55,000 55,000	55,000 55,000	55,000 55,000	55,000 55,000	660,000 660,000

급여구분	항목명	1월	2월	3월	4월	5월	6월	7월	8월	9월	10월	11월	12월	계
	수당합계	3,930,230	4,778,320	3,205,200	3,264,640	3,307,250	3,264,640	4,268,560	3,264,640	5,080,100	3,460,640	3,460,640	3,609,790	44,894,650
	비과세합계	155,000	155,000	155,000	155,000	155,000	155,000	155,000	155,000	155,000	155,000	155,000	155,000	1,860,000
	공제합계	734,640	792,380	796,000	1,044,620	886,780	912,470	972,930	873,790	977,580	986,850	993,030	1,029,040	11,000,110
	지급액	3,195,590	3,985,940	2,409,200	2,220,020	2,420,470	2,352,170	3,295,630	2,390,850	4,102,520	2,473,790	2,467,610	2,580,750	33,894,540

2010년 이후 계산법에 따르면 어떨까요? (실제 연도별 급여 총 지급현황에는 성과상여금이 빠져 있습니다. 정확한 계산을 위해 이 책에서는 해당년도의 지급받은 성과상여금인 3,736,360원을 추가적으로 상단에 기입하였습니다.)

연도별 급여 총 지급현황에서 다음 표에 있는 '수당합계'에는 본봉에 과세수당(성과상여금 제외)과 비과세수당 모두가 포함되어 있습니다. 그렇기 때문에, 기준소득월액에 사용되는 과세소득만을 구하기 위해서는 '수당합계'에서 성과상여금을 더해준 뒤 '비과세합계'를 빼야 합니다.

(연간 수당총액 44,894,650원 + 성과상여금 3,736,360원 - 비과세합계 1,860,000원) ÷ 12개월

= (연간 과세 소득) ÷ 12개월

= 기준소득월액 3,897,584원

연도별 급여 총 지급현황

2018년도
성과상여금 3,736,360원

급여구분	항목명	1월	2월	3월	4월	5월	6월	7월	8월	9월	10월	11월	12월	계
월급여	봉급	2,431,200	2,575,000	2,503,100	2,503,100	2,503,100	2,503,100	2,503,100	2,503,100	2,699,100	2,699,100	2,699,100	2,699,100	30,821,200
월급여	정근수당	850,920	25,160	0	0	0	0	876,080	0	0	0	0	0	1,752,160
월급여	정근수당 가산금	50,000	50,000	50,000	50,000	50,000	50,000	50,000	50,000	50,000	50,000	50,000	50,000	600,000
월급여	정액급식비	130,000	130,000	130,000	130,000	130,000	130,000	130,000	130,000	130,000	130,000	130,000	130,000	1,560,000
월급여		100,000	100,000	100,000	100,000	100,000	100,000	100,000	100,000	100,000	100,000	100,000	100,000	
월급여	명절휴가비	0	1,501,860	0	0	0	0	0	0	1,619,460	0	0	0	3,121,320
월급여	교직수당	250,000	250,000	250,000	250,000	250,000	250,000	250,000	250,000	250,000	250,000	250,000	250,000	3,000,000
월급여	교직수당 (가산 4)	130,000	130,000	130,000	130,000	130,000	130,000	130,000	130,000	130,000	130,000	130,000	130,000	1,560,000
월급여	가족수당 (배우자)	40,000	40,000	80,000	40,000	40,000	40,000	40,000	40,000	40,000	40,000	40,000	40,000	520,000
월급여	시간외근무수당 (정액분)	-6,890	21,300	7,100	106,540	106,540	106,540	106,540	106,540	106,540	106,540	106,540	213,080	1,086,910
월급여	시간외근무수당 (초과분)	0	0	0	0	42,610	0	127,840	0	0	0	0	42,610	213,060
월급여	교원연구비 (유·초등교원(상))	55,000	55,000	55,000	55,000	55,000	55,000	55,000	55,000	55,000	55,000	55,000	55,000	660,000
월급여		55,000	55,000	55,000	55,000	55,000	55,000	55,000	55,000	55,000	55,000	55,000	55,000	660,000

급여구분	항목명	1월	2월	3월	4월	5월	6월	7월	8월	9월	10월	11월	12월	계
	수입합계	3,930,230	4,778,320	3,205,200	3,264,640	3,307,250	3,264,640	4,268,560	3,264,640	5,080,100	3,460,640	3,460,640	3,609,790	44,894,650
	비과세합계	155,000	155,000	155,000	155,000	155,000	155,000	155,000	155,000	155,000	155,000	155,000	155,000	1,860,000
	공제합계	734,640	792,380	796,000	1,044,620	886,780	912,470	972,930	873,790	977,580	986,850	993,030	1,029,040	11,000,110
	지급액	3,195,590	3,985,940	2,409,200	2,220,020	2,420,470	2,352,170	3,295,630	2,390,850	4,102,520	2,473,790	2,467,610	2,580,750	33,894,540

둘을 비교해 보면 차이가 작지 않습니다. 정의하는 방식에 따라 월 소득액이 이렇게 차이가 생깁니다. 공무원연금은 소득비례연금이기 때문에 이 월 소득액을 어떻게 정의하는지가 매우 중요합니다. 당연히 보수월액으로 정의할 때보다 기준소득월액으로 정의할 때, 연금액이 증가할 것입니다.

- 보수월액 = 2,764,446원
- 기준소득월액 = 3,897,584원

그러면 왜 보수월액에서 기준소득월액으로 개념이 변경되었을까요? 이유는 실제 소득이 연금액에 반영될 수 있게 하기 위함이었습니다. 보수월액은 기본급과 정규수당 및 정규수당가산금의 합으로 산정되는 반면, 기준소득월액에는 비과세수당을 제외한 모든 수당이 포함되므로 개인의 실제 소득이 연금에 더 잘 반영됩니다. 예를 들어 담임수당, 부장수당 등 과세수당은 모두 기준소득월액 산정에 반영됩니다.

그렇다면 이제 이런 생각이 드실 것입니다. '연금액을 더 많이 받기 위해서는 과세 수당을 많이 받는 것이 유리하므로 가능한 한 많은 초과근무를 하고, 성과급도 항상 S등급을 유지해야겠다.'라고 말입니다.

맞습니다. 이 초과근무수당과 성과급 역시 과세 수당이기 때문에 기준소득월액에 포함되기 때문입니다. 그런데 중요한 점이 있습니다. 초과근무수당과 성과급은 개인이 실제로 지급받은 수당 금액이 아니라 공무원 전체의 평균액으로 반영됩니다. 만약 누군가가 대단히 많은 초과근무를

하게 되는 경우, 이것이 연금액에 상당히 큰 영향을 미칠 것이기 때문에 수당의 편차가 큰 아래의 세 가지 종류의 수당은 개인의 실제 수당액이 아니라, 해당 직종 및 직급별 공무원 전체의 평균액을 산정하여 이를 반영하는 것입니다.

> **■ 공무원 평균액 반영 수당**
> • 성과급: 성과연봉, 성과상여금, 상여금, 직무성과금
> • 초과근무수당: 시간외근무수당, 야간근무수당, 휴일근무수당
> • 연가보상비

그렇다면 해당 수당 3가지는 나의 개인 수당 금액을 빼고 대신에 평균액 숫자를 넣어야 할 것입니다. 그러면 정확한 기준소득월액을 계산해 보려면 아래와 같이 계산해야 합니다.

기준소득월액 = (연간 과세소득 − 개인의 3개 수당 지급액 + 직종 직급별 3개 수당 평균액) ÷ 12개월

예를 들어 2024년 과세소득이 59,000,000원이었는데 내가 받은 3개 수당의 합계액이 4,000,000원, 동일 직종 및 직급의 3개 수당 평균액이 5,000,000원이었다면 나의 기준소득월액은 얼마가 될까요?

기준소득월액 = (59,000,000원 − 4,000,000원 + 5,000,000원) ÷ 12개월
= 5,000,000원

2010년 이후에 임용되신 선생님들은 기준소득월액으로만 산정되고, 2010년 이전에 임용되신 선생님들은 지금까지의 정확한 보수월액 금액을 공무원연금공단에서 확인해 주기 때문에 이제 보수월액 개념은 알아둘 필요가 그다지 없습니다. 이제 이 책에서 '월 소득액'이라고 하면 '기준소득월액'이라고 이해해 주시기 바랍니다.

> 지급률 & 재직 기간 따져보기
> : 40년 일했는데
>   36년만 인정받을 수도 있다?

지급률

먼저 '지급률'에 대해 알아보겠습니다. 지급률은 공무원연금법상 명확하게 정의된 용어는 아닙니다. 공무원연금법에서조차 구체적인 수치로만 언급되고 있습니다. 이에 따라, 두 가지 방법을 통해 그 의미를 설명드리고자 합니다. 곱셈 식의 세 항목 중 괄호를 뒤에 있는 두 항목에 치느냐, 앞의 두 개에 치느냐에 따른 것입니다.

첫 번째 방법으로 지급률에 재직 기간을 곱하면 소득대체율이 됩니다. 월 소득액(기준소득월액)을 간단히 월급으로 생각해 보자면, 월급에 대비하여 몇 퍼센트를 연금으로 수령받느냐 하는 것으로 이해해 볼 수 있습니다. 이를 흔히 '소득대체율'이라고 칭합니다.

소득대체율을 하나의 건물에 비유하자면 지급률은 그 재료인 벽돌이며, 벽돌을 몇 개 넣을 것이냐가 재직기간으로 볼 수 있습니다. 즉, 벽돌이 크고(지급률이 높을수록) 많을수록(재직기간이 길수록) 더 큰 건물(높은 소득대체율)을 만들 수 있습니다.

> **[기본식]** 월 연금수령액 = 월 소득액 × (지급률 × 재직 기간)
> = 월 소득액 × 소득대체율

지급률을 이해하는 또 다른 방법을 설명드리기 위해 비유를 들어 보겠습니다. 생선회를 좋아하신다면 '살수율'이라는 용어를 한 번쯤은 들어보셨을 것입니다. 살수율이란 생선의 순살 비율을 뜻하는 말인데 생선의 머리와 내장, 뼈, 비늘 등을 제외하고 실제로 섭취할 수 있는 살코기의 비율을 의미하는 말입니다. 같은 무게(kg)라 하더라도 살수율이 높을수록 섭취할 수 있는 회의 양이 많아집니다. 광어의 살수율이 다른 생선회에 비해서 굉장히 높은 편인데 이것이 광어가 대중적인 생선회인 이유 중 하나라고 합니다.

월 소득액(기준소득월액), 즉 월급을 생선으로, 지급률을 살수율로 비유할 수 있습니다. 즉 월급에서 우리가 수령할 수 있는 연금의 양을 비율로 나타낸 것이 지급률이라는 말이 됩니다. 예를 들어 월급이 5,000,000원이고 지급률이 1.5%라면 월마다 75,000원을 연금으로 받는다고 이해하면 된다는 것입니다. 이를 '기본연금액'이라고 칭할 수 있습니다.

> **[기본식]** 월 연금수령액 = (월 소득액 × 지급률) × 재직 기간
> 　　　　　　= 기본연금액 × 재직 기간

　이처럼 기준소득월액, 즉 월급(생선)에 지급률(살수율)을 곱한 값이 기본연금액(생선 한 마리당 섭취할 수 있는 생선회의 양)이라면, 이제 재직 기간은 몇 마리의 생선을 잡아 요리할 것인가를 의미한다고 볼 수 있습니다. 당연히 더 많은 생선을 잡을수록 섭취할 수 있는 생선회의 양이 누적되어 증가하게 됩니다. 재직기간이 10년이라면 최종 월 연금수령액은 750,000원이 되고, 재직기간이 30년이라면 월 연금수령액은 2,250,000원이 됩니다.

재직 기간

　그럼 이제 '재직 기간'에 대해 알아보겠습니다. 공무원연금법에 따르면 재직 기간은 '공무원으로 임명된 날이 속하는 달부터 퇴직한 날의 전날이 속하는 달까지'를 의미합니다. 예를 들어 2010년 3월 1일에 임용되고 2045년 2월 28일에 퇴직했다면, 임용된 날이 속하는 달인 2010년 3월부터 퇴직한 날의 전날이 속하는 달인 2045년 2월까지를 재직기간으로 계산합니다.

　하지만 이 재직 기간 전체가 연금수령액 계산에 포함되는 것은 아닙니다. 최대 인정 기간이 있어서입니다. 2016년 이전에는 최대 33년까지 인정되었는데 2016년 이후에는 순차적으로 최대 36년까지 인정되도록 개

정이 되었습니다. 따라서 만 23세에 임용되어 만 62세에 정년퇴직하더라도, 인정되는 재직 기간은 최대 36년으로 제한됩니다.

2016년 1월 1일 이전 재직기간	21년 이상	17년 이상 21년 미만	15년 이상 17년 미만	15년 미만
재직 기간 상한	33년	34년	35년	36년

추세알기

지급률은 공무원연금법 개정으로 점차 낮아지고 있습니다. 그런데 재직 기간이 늘어났습니다. 재직 기간이 길어질수록 기여금 납부 기간도 늘어나지요. 연금법은 지급률을 줄여 국가로부터 나가는 자금을 줄이고, 재직 기간 즉 기여금 납부 기간을 늘려서 국가로 들어가는 자금을 늘리는 방향으로 개정되었습니다.

35년을 근무하는 경우에 소득대체율이 70%가 되려면 지급률은 2%가 되어야 할 것입니다. 하지만 안타깝게도 지급률이 2010년 이전에는 2%가 넘었으나 2025년 현재는 1.74%이고, 최종적으로 2035년 1.7%를 향해 단계적으로 하락하고 있습니다. 공무원연금법이 다시 개정된다면 이 지급률을 다시 낮출 가능성 또한 배제할 수 없습니다.

연금 지급 개시 연령
: 퇴직했다고 바로 나오는 게 아니다!

퇴직연금 수급 조건이 있습니다. 바로 '재직 기간 10년 이상'입니다. 2010년 3월에 임용된 24세의 교사는 2020년 2월부터 퇴직연금 수급 조건을 충족합니다. 그런데 2020년 2월에 퇴직을 해도 다음 달에 연금이 지급되는 게 아닙니다! 퇴직연금을 받을 수 있는 자격과 별도로 연금을 실제 받을 수 있는 시기가 별도로 정해져 있기 때문입니다. 이를 '연금 지급 개시 연령'이라고 합니다.

  원칙적으로 퇴직연금은 65세부터 지급을 개시합니다. 62세에 정년퇴직을 하더라도 퇴직 후 몇 년이 지나야 연금을 지급받을 수 있습니다. 그렇지만 퇴직을 몇 연도에 했는지에 따라서 65세가 아닌, 그보다 더 이른 시기에 연금을 지급 받을 수 있기도 합니다. 그래서 나의 연금 개시 연령을 정확히 알고 있어야 합니다. 연금 지급 개시 연령은 크게 1996년 1월 1일 이후 임용자와 이전 임용자를 구분해 보아야 합니다.

5장 | 연금액 계산의 기본식   **69**

[표 ①] 1996년 이후 임용자

퇴직연도	개시연령	퇴직연도	개시연령
2016~2021년	60세	2027~2029년	63세
2022~2023년	61세	2030~2032년	64세
2024~2026년	62세	2033년~	65세

[표 ②] 1996년 이전 임용자

퇴직연도	개시연령	퇴직연도	개시연령
2015~2016년	57세	2019~2020년	59세
2017~2018년	58세	2021년~	60세

* 단, 2000년 12월 31일 기준, 재직 기간이 20년 이상인 공무원 또는 재직 기간이 20년 미만인 공무원이 20년 미만 기간의 2배 이상을 근무하고 퇴직한 경우 연령에 상관없이 바로 개시함.

2010년 임용자라면 [표 ①]에 해당되는데 퇴직을 임용 10년 뒤인 2020년에 했다면 연금 개시 연령은 60세입니다. 만약 퇴직한 나이가 34세라면 26년 뒤인 60세가 되었을 때 연금을 받기 시작한다는 말이 됩니다. 만약 같은 조건으로 1996년 이후 임용자이고 재직 기간이 10년인데, 퇴직 시기만 2025년으로 다르다면 몇 세에 연금이 나오기 시작할까요? 62세입니다. 이 연금 지급 개시 연령은 퇴직연도에 따라 늦어져 2033년 이후 퇴직자는 65세부터 연금을 수령할 수 있게 되어 있습니다.

그런데 왜 1996년 이전과 이후로 나누어져 있을까요? 이를 이해하기 위해서는 연금법 개정의 배경을 알아야 합니다. 공무원연금법은 1960년 1월 1일에 제정된 이래로 현재까지 65차례나 개정되었습니다. 1960년 당시 법 기준으로는 20년 이상 재직한 경우 60세부터 연금을 수령할 수 있었습니다. 그랬다가 2년쯤 뒤인 1962년 10월 1일자 시행된 법에서는 연금 지급 개시 연령 관련 요건이 삭제되고, 20년 이상 재직 요건만 충족하면 즉시 연금을 받을 수 있도록 되었습니다.

안타깝게도 국민연금과 마찬가지로 당시의 공무원연금도 사람들의 기대여명이 늘어나는 것을 고려하지 못했습니다. 결국 공무원연금법 제정 이후 30여 년이 경과하자 연금 수급권자의 누적적 증가와 연금 수급 기간의 장기화 등으로 인하여 연금 회계에 적자가 발생하고 말았습니다.

이 때문에, 1996년 1월 1일자로 시행된 법부터는 연금 지급 개시 연령이 다시 60세로 설정되었습니다. 단 소급 적용은 하지 않고 신규로 임용된 공무원에게만 적용되도록 단서 조항으로 개정이 되었습니다. 1996년 이전에 임용된 공무원들이 20년을 재직하면 퇴직 후 곧바로 연금을 받을 수 있을 것이라고 생각한 기대를 권리로 보호하기 위함이었습니다.

이후 이러한 조치가 공정하지 않다는 비판이 제기되었고 공무원법이 다시 개정되었습니다. 단서 조항이 2001년 1월 1일자 시행된 법에서 삭제되었고 모든 공무원의 개시 연령이 60세로 변경되었습니다. 다만 1996년 이전에 임용된 공무원에게는 두 가지 선택권이 주어졌습니다. 50세부터 2년마다 1세씩 인상하여 60세까지 점진적으로 적용되는 연금 개시 방식, 또는 이 법이 개정된 2001년 1월 1일을 기준으로 재직 기간이 20년 미만인 경우에 그 미달한 기간만큼을 추가로 재직한 후 퇴직 시 퇴직연금을 바로 받을 수 있는 방식입니다. 이것이 앞서 제시한 [표 ②] 하단에 기술된 내용입니다.

이후에도 연금 수급자의 증가로 연금 재정 부담은 커져 갔습니다. 2010년 1월 1일자로 법이 시행되면서 개시 연령은 65세로 늦춰졌습니다. 그러나 2010년 이전 임용자들이 60세부터 연금을 받을 것이라고 생각한 기대를 권리로 보호하기 위해, 2016년 1월 1일자로 법이 시행되어 60세에서 65세로 점차 연장되도록 하였고, 재직 기간 요건을 기존 20년에서 10년으로 축소하였습니다. 그리고 이를 2010년 이후 임용된 자들에게도 적용되도록 하였습니다. 이 내용은 [표 ①]에 반영되어 있습니다.

6장

1층 연금!
퇴직연금 계산법

- 평균기준소득월액
- 현재가치와 미래가치
- 공무원보수인상률 vs. 물가상승률
- 현재가치 계산하기: 정석으로 or 간단하게
- 지급률과 재직기간
- 예상 연금수령액 결과표

깊이 알아보기 정확한 예상 연금수령액 계산방법

평균기준소득월액

■ **퇴직연금 계산식**

* 계산의 용이함을 위해 계산식을 일부 수정하였습니다. 정확한 계산식과 계산법은 108쪽 〈깊이 알아보기〉 '정확한 예상 연금 수령액 계산방법'을 참고하시기 바랍니다.

재직기간	1기간	2기간	3기간
	~ 2009.12.31.	2010.1.1.~ 2015.12.31.	2016.1.1. ~
재직기간	평균보수월액 × 재직연수 × 2.0~2.5%	평균기준소득월액 × 재직연수 × 1.9%	평균기준소득월액 × 재직연수 × 1.7%

퇴직연금 계산식은 2010년 1월 1일과 2016년 1월 1일, 두 시점을 기준으로 기간이 셋으로 구분됩니다. 뒤로 갈수록 연금 수령이 불리하게 개정되었습니다.

위 계산식은 소급적용되지 않습니다. 2010년 이전에 임용된 선생님은 1~3기의 계산식을 모두 사용해야 하고, 2010년부터 2016년 사이에 임용되었다면 2~3기의 계산식을 사용해야 합니다. 물론 2016년 이후에 임용된 선생님은 3기의 계산식만 사용하면 됩니다.

예를 들어 2007년 3월 1일자에 임용이 되었다면 2007년 3월 1일부터 2009년 12월 31일까지의 기간에 대해서는 1기간 계산식으로 연금을 계산하고, 2~3기간에 대해서는 당해 기간의 계산식으로 연금을 계산한 뒤 전체 총합을 구하여 연금수령액을 계산합니다.

최근에 임용되어 3기간에만 근무한 선생님을 기준으로 연금액을 계산해 보겠습니다. 그리고 평균기준소득월액에 대해 살펴보겠습니다. 이 금액을 기준으로 본인의 연금액 수준을 대략적으로 예상하시면 될 것입니다.

(3기간) 연금수령액 = 평균기준소득월액 × 재직연수 × 1.7%(지급률)

기준소득월액 = (1년치 과세소득 − 3개 수당 연간 지급액 + 직종 직급별 3개 수당 평균액) ÷ 12개월

교사는 호봉제이기 때문에 보통 경력이 높아질수록 기준소득월액도 매년 증가합니다. 연금 계산 시에는 기준소득월액 전체를 평균한 값인 평균기준소득월액을 적용합니다. 예를 들어 2010년도에 임용되어 30년간 근무하고 퇴직하시는 선생님께서는 2010년 기준소득월액부터 2039년 기준소득월액까지 총 30개의 기준소득월액이 있으실 텐데 전체를 더한 값을 실제 총 재직 기간으로 나누어 평균값을 구합니다.

다음 표를 보며 계산해 봅시다. 이 사례의 경우, 평균기준소득월액은 3,450,000원입니다. 이 값에 지급률 1.7%와 재직기간 30년을 곱하면 연금 수령액이 1,759,500원으로 계산되어 나옵니다.

재직연도	기준소득월액	재직기간	1년간 기준소득월액의 합
2010	2,000,000원	12개월	24,000,000
2011	2,100,000원	12개월	25,200,000
2012	2,200,000원	12개월	26,400000
2013	2,300,000원	12개월	27,600000
2014	2,400,000원	12개월	28,800000
2015	2,500,000원	12개월	30,000000
2016	2,600,000원	12개월	31,200000
2017	2,700,000원	12개월	32,400000
2018	2,800,000원	12개월	33,600000
2019	2,900,000원	12개월	34,800000
2020	3,000,000원	12개월	36,000000
2021	3,100,000원	12개월	37,200000
2022	3,200,000원	12개월	38,400000
2023	3,300,000원	12개월	39,600000
2024	3,400,000원	12개월	40,800000
2025	3,500,000원	12개월	42,000000
2026	3,600,000원	12개월	43,200000
2027	3,700,000원	12개월	44,400000
2028	3,800,000원	12개월	45,600000
2029	3,900,000원	12개월	46,800000
2030	4,000,000원	12개월	48,000000
2031	4,100,000원	12개월	49,200000
2032	4,200,000원	12개월	50,400000
2033	4,300,000원	12개월	51,600000
2034	4,400,000원	12개월	52,800000
2035	4,500,000원	12개월	54,000000
2036	4,600,000원	12개월	55,200000
2037	4,700,000원	12개월	56,400000
2038	4,800,000원	12개월	57,600000
2039	4,900,000원	12개월	58,800000
계		360개월	1,242,000,000
평균기준소득월액			3,450,000원 (1,242,000,000원 ÷ 360개월)

현재가치와 미래가치

앞서 계산한 기준소득월액 중 일부를 살펴보겠습니다.

재직년도	기준소득월액	재직기간	1년간 기준소득월액의 합
2010	2,000,000원	12개월	24,000,000
2011	2,100,000원	12개월	25,200,000
...			
2038	4,800,000원	12개월	57,600,000
2039	4,900,000원	12개월	58,800,000
계		360개월	1,242,000,000
평균기준소득월액		3,450,000원 (1,242,000,000원 ÷ 360개월)	

앞서 표로 정리된 30년치 기준소득월액의 평균값을 내서 '평균기준소득월액'을 구했습니다. 그런데 표에는 30년이라는 긴 시간 동안 물가가 상승하면서 하락한 화폐가치가 반영되어 있지 않습니다. 실제로 평균기

준소득월액을 계산할 때는 이를 반영하여 과거의 기준소득월액을 계산합니다. 현재가치와 미래가치를 살펴본 후에 평균기준소득월액을 다시 계산해 보겠습니다.

현재가치와 미래가치는 이렇게 해석합니다. 만약 지금 일정 금액을 예금 계좌에 넣어두고 그대로 몇 년이 지나면 이자율이 매해 적용되어서 금액이 약간 늘어나 있을 것입니다. 지금 넣어둔 금액이 현재가치이고, 약간 늘어난 그 금액이 몇 년 뒤의 미래가치입니다. 반대로, 몇 년 뒤 계좌에 쌓였으면 하는 금액이 있어서 지금 계좌에 돈을 한 번 넣어두려 한다면, 목표 금액보다 조금 적은 금액을 넣으면 될 것입니다. 향후 달성하고자 하는 금액이 미래가치이고 이를 위해 지금 계좌에 넣어둘 조금 적은 금액이 현재가치입니다. 계산식도 간단합니다. 현재가치를 미래가치로 만들 때는 이자율을 곱하고, 미래가치를 현재가치로 만들 때는 할인율로 나눠줍니다.

미래가치는 다음과 같은 식으로 표현됩니다. 이자율이 2%라면, 현재가치 10,000원은 30년 뒤에는 미래가치 18,100원이 됩니다. 10,000원 × $(1+2\%)^{30}$ = 10,000 × 181% = 18,100원

> 미래가치(Future Value) = 현재가치(Present Value) × $(1+이자율\ i)^n$

한편 현재가치는 다음과 같이 구할 수 있습니다. 할인율이 2%라면, 30년 뒤의 미래가치 18,100원은 현재가치 10,000원과 같습니다. 18,100원 ÷ $(1+2\%)^{30}$ = 18,100 ÷ 181% = 10,000원

> 현재가치(Present Value) = 미래가치(Future Value) ÷ (1+할인율 i)^n

예를 들어 S&P500 지수에 추종하는 ETF에 1,000,000원을 30년간 투자했다고 합시다. 이때 수익률을 5%로 가정한다면 현재가치 1,000,000원의 30년 후 미래가치는 4,321,940원이 됩니다.

> 미래가치 = 현재가치 1,000,000원 × (1+5%)^{30} = 4,321,940원

이 4,321,940원이 현재시점 화폐가치가 궁금하기에 물가상승률 2% 할인율로 계산을 해보면, 2,386,010원이 됩니다.

> 현재가치 = 미래가치 4,321,940원 ÷ (1+2%)^{30} = 2,386,010원

이렇게 미래의 가치를 할인율로 나누어서 현재가치로 바꾸거나 과거의 가치에 이자율을 곱해 현재의 가치로 바꾸는 이 과정을 '현재가치화(현가화)'라고 합니다. 평균기준소득월액을 구할 때는 재직년도 전체 기간의 기준소득월액을 현가화한 후 계산합니다. 이때 사용하는 이자율은 물가상승률이 아니라 '공무원보수인상률'을 적용합니다.

공무원보수인상률이 매년 1.5%였다고 가정할 때 평균기준소득월액을 다시 구하면 다음 표와 같습니다.

재직연도	기준소득월액	재직기간	1년간 합계	현가화 비율	현가
2010	2,000,000원	12개월	24,000,000	$(1.015)^{29}$	36,959,532
2011	2,100,000원	12개월	25,200,000	$(1.015)^{28}$	38,233,999
2012	2,200,000원	12개월	26,400,000	$(1.015)^{27}$	39,462,725
2037	4,700,000원	12개월	56,400,000	$(1.015)^{2}$	58,104,690
2038	4,800,000원	12개월	57,600,000	$(1.015)^{1}$	58,464,000
2039	4,900,000원	12개월	58,800,000	1	58,800,000
계		360개월	1,504,022,862		
평균기준소득월액		4,177,840원 (1,504,022,862원 ÷ 360개월)			

공무원보수인상률 vs. 물가상승률

공무원보수규정상 월급 혹은 급여의 정확한 용어는 '보수'이며, 이는 봉급(기본급여)과 그 밖의 각종 수당(부가급여)을 합한 금액을 의미합니다. 법령상은 아니지만 보편적으로 보수나 급여는 이 둘을 합쳐 칭하는 말입니다. 여기에서는 용어를 '봉급과 수당'으로 통일하였습니다.

많은 이들이 간과하는 사실이지만 교사의 보수는 매년 두 차례 인상됩니다. 한 번은 3월이나 9월 등의 정기승급 때 호봉이 상승하면서 봉급이 증가하고, 다른 한 번은 매년 1월입니다. 이때는 공무원보수인상률에 따라 전반적인 급여가 올라갑니다. 다음 표를 보며 예를 들어 설명하겠습니다. 2017년 3월에 새로 임용된 선생님의 경우, 9호봉에 해당하는 급여가 1,902,200원이었으나 2018년 1월에는 새로운 급여 체계에 따라 1,958,400원을 받게 되고, 3월에는 정기승급으로 10호봉이 되어

2,011,500원의 급여를 수령하게 됩니다. 이렇듯, 교사의 보수는 정기승급과 매년 1월의 공무원보수인상률을 통해 조정됩니다.

(월지급액, 단위: 원)

2017년 봉급표		2018년 봉급표		인상율
호봉	봉급	호봉	봉급	
9	1,902,200	9	1,958,400	+2.96%
10	1,953,700	10	2,011,500	+2.96%
11	2,004,100	11	2,063,300	+2.96%
12	2,055,600	12	2,116,400	+2.96%

호봉별 봉급인상률을 살펴보면, 각 호봉의 봉급은 평균 2.96% 상승했습니다. 한편 각종 인상률을 정리해 둔 다음 표를 보면, 연금 계산에 사용되는 기준소득월액의 인상률은 2.69%입니다. 이는 당시 물가상승률 1.90%를 상회하는 수치입니다.

물가상승률은 통계청에서 발표한 소비자물가지수 자료이고, 공무원보수인상률은 매년 인사혁신처에서 고시한 자료입니다. 봉급인상률은 매년도 발표된 공무원보수규정의 봉급표를 기준으로 작성되었습니다. 다만, 기준소득월액 인상률은 봉급에 담임교사 수당을 받고, 성과급과 초과근무수당을 중간값으로 설정하여 만든 기준소득월액으로 계산한 인상률입니다. 기준소득월액이 개인별로 다르기 때문에, 평균적인 값으로 구하여 제시한 것으로서, 실제와는 다소 차이가 있을 수 있습니다.

물가상승률에 비해 세 가지 인상률이 2021년까지는 높은 것을 확인할 수 있습니다. 또한 공무원보수인상률이 봉급인상률보다는 기준소득월액 인상률과 더 비슷한 수치임을 확인할 수 있습니다. 공무원보수인상률이 물가상승률을 전혀 반영하지 못하거나, 물가상승률보다 현저히 낮다는 세간의 일반적인 오해와는 달리 공무원보수인상률에서 파생된 인상률 모두가 코로나로 인해, 물가상승률이 치솟은 2022년 이전까지는 물가상승률을 웃돌고 있음을 확인할 수 있습니다. 단, 물가상승률이 모든 물가를 반영하는 것은 아닙니다.

그리고 표는 기준소득월액 인상률 비교를 위해 2010년부터의 자료를 보여 드린 것인데 기간을 더 길게 잡고 물가인상률과 공무원보수인상률을 비교해 보면 25년간(2001~2025년)의 평균 물가상승률은 기하평균으로 2.49%, 보수인상률은 3.54%이며, 20년간(2006~2025년)은 물가상승률 2.30%, 보수인상률 2.72%입니다. 가장 최근 10년간(2016~2025년) 물가상승률은 1.94%, 보수인상률 3.11%였습니다. 공무원보수인상률이 물가인상률을 전혀 반영하지 못한다는 세간의 평가와는 다르게 비슷하거나 공무원보수인상률이 오히려 소폭 높은 경향이 있습니다.[1]

---

1   해당 표에 사용된 인상률(상승률)의 발표 및 집계 시점은 실제로는 서로 상이하다. 그래서 시점을 조정하였다. 예를 들어, 2020년의 1월부터 12월까지 1년 간의 물가상승률은 0.50%이다. 이 물가상승률을 반영한 공무원보수인상률이 2021년 1월에 고시된 0.90%이다. 이 보수인상률을 반영하여 2021년 1월에 시행된 봉급표에 대한 봉급인상률이 1.02%이다. 기준소득월액인상률은 해당 기준소득에 사용된 봉급표의 시기와 일치시켰다. 물가상승률이 그 해의 누적분을 연말에 발표하기 때문에, 시점을 그 다음 연도의 보수인상률, 봉급인상률과 일치시켰다.
    즉, 각 인상률(상승률)의 시점은 2021년을 기준으로, 2020년 물가상승률 = 2021년 공무원보수인상률 = 2021년 교원봉급인상률 = 2022년 기준소득월액 인상률을 일치시켰다.
    마찬가지로 본문에서 언급한 2001~2025년 평균 물가상승률은 실제 2000~2024년의 물가상승률의 시점을 조정한 것이다.

년도	물가상승률	공무원보수인상률	교원 봉급인상률	기준소득월액 인상률
2010년	2.80%	0.00%	0.00%	0.00%
2011년	2.90%	5.10%	27.05%	20.74%
2012년	4.00%	3.50%	4.09%	4.71%
2013년	2.20%	2.80%	3.29%	2.96%
2014년	1.30%	1.70%	2.00%	1.85%
2015년	1.30%	3.80%	4.50%	3.85%
2016년	0.70%	3.00%	3.40%	3.57%
2017년	1.00%	3.50%	3.67%	3.26%
2018년	1.90%	2.60%	2.96%	2.69%
2019년	1.50%	1.80%	2.04%	1.89%
2020년	0.40%	2.80%	3.17%	2.99%
2021년	0.50%	0.90%	1.02%	1.05%
2022년	2.50%	1.40%	1.62%	0.53%
2023년	5.10%	1.70%	1.70%	1.55%
2024년	3.60%	2.50%	2.57%	3.91%
2025년	2.30%	3.00%	2.50%	2.87%

2010년 ~ 2025년				
기하평균	2.12%	2.50%	3.94%	3.56%
누계 인상률	39.82%	48.43%	85.68%	74.96%

2012년 ~ 2025년				
기하평균	2.01%	2.50%	2.75%	2.68%
누계 인상률	32.18%	41.23%	46.14%	44.90%

현재가치 계산하기: 정석으로 or 간단하게

이자율을 넣으면 내가 받을 적금이 얼마인지, 목표금액을 모으기 위해 얼마씩 적금을 넣으면 되는지를 자동 계산해 주는 수식은 간단히 검색하여 이용할 수 있습니다. 연금계산기는 왜 찾을 수 없는 걸까요? 공무원연금공단 홈페이지에서 오간 질의응답 사례를 일부 각색해 보았습니다.

> **Q** 공무원연금공단에는 국민연금공단에서 제공하는 것과 유사한 '모의연금계산기'가 왜 마련되어 있지 않나요?
>
> **A** 공무원연금제도는 퇴직 시까지의 기준소득월액, 재직기간 등을 기반으로 연금이 산정되며, 연금 계산 과정에서는 매년 변동하는 보수인상률과 공무원의 평균기준소득월액 증가율 등을 고려하여 보수의 현재가치를 산정하고 소득재분배 비율을 적용합니다.
>
> 미래에 퇴직할 시점의 예상 연금액을 계산하기 위해서는 그때까지의 기준소

> 득 정보가 필요하지만, 이를 정확히 예측할 수 있는 데이터가 부족하며, 미래 보수인상률이나 공무원의 평균기준소득월액 등도 다양한 가정과 변수에 따라 달라지기 때문에 정확한 예측이 어렵습니다.

간단히 말하자면 '퇴직 시점까지의 기준소득월액이 필요한데 그 시점까지의 보수인상률을 알 수 없으므로 모의 계산이 가능하지 않다'는 것입니다. 공단에서는 예상 연금액 계산에 신중을 기하고 있으나 우리는 몇 가지 가정을 통해 이 문제를 해결할 수 있습니다.

우선 공무원보수인상률과 물가상승률에 따라 화폐가치가 어떻게 변화하는지를 파악해야 합니다. 예를 들어 보겠습니다. 현재는 '2025년 1월'입니다. 2012년 1월에 9호봉으로 임용된 A교사가 2025년 12월에 22호봉으로 퇴직을 앞두고 있습니다. 이때 A교사의 평균기준소득월액을 계산해 보겠습니다. 계산을 용이하게 하기 위해 과세수당을 월 100만 원으로 가정하고 이를 봉급에 더해 해당 연도의 기준소득월액으로 설정하였고, 여기에 해당 연도의 공무원보수인상률을 차례대로 적용해 2025년의 현재가치로 환산해 보겠습니다. 다음 표와 같습니다.

연도	2012	2013	2014	2015	2016	2017	2018	2019	2020	2021	2022	2023	2024	2025	현가금액	월	합계
보수인상률	-	2.80%	1.70%	3.80%	3.00%	3.50%	2.60%	1.80%	2.80%	0.90%	1.40%	1.70%	2.50%	3.00%			
기준소득월액	2,611,900	2,611,900×(102.8)×(101.7)×(103.8)×(103.0)×(102.6)×(101.8)×(100.9)×(101.4)×(101.7)×(102.5)×(103.0)													3,564,060	12	42,768,715
		2,709,800	2,709,800×(101.7)×(103.8)×(103.0)×(103.5)×(102.6)×(101.8)×(102.8)×(100.9)×(101.4)×(101.7)×(102.5)×(103.0)												3,596,935	12	43,163,214
			2,789,100	2,789,100×(103.8)×(103.0)×(103.5)×(102.6)×(101.8)×(102.8)×(100.9)×(101.4)×(101.7)×(102.5)×(103.0)											3,640,311	12	43,683,726
				2,917,600	2,917,600×(103.0)×(103.5)×(102.6)×(101.8)×(102.8)×(100.9)×(101.4)×(101.7)×(102.5)×(103.0)										3,668,620	12	44,023,441
					3,073,200	3,073,200×(103.5)×(102.6)×(101.8)×(102.8)×(100.9)×(101.4)×(101.7)×(102.5)×(103.0)									3,751,721	12	45,020,657
						3,243,300	3,243,300×(102.6)×(101.8)×(102.8)×(100.9)×(101.4)×(101.7)×(102.5)×(103.0)								3,825,485	12	45,905,824
							3,406,200	3,406,200×(101.8)×(102.8)×(100.9)×(101.4)×(101.7)×(102.5)×(103.0)							3,915,815	12	46,989,784
								3,554,200	3,554,200×(102.8)×(100.9)×(101.4)×(101.7)×(102.5)×(103.0)						4,013,711	12	48,164,536
									3,735,900	3,735,900×(100.9)×(101.4)×(101.7)×(102.5)×(103.0)					4,103,991	12	49,247,892
										3,870,300	3,870,300×(101.4)×(101.7)×(102.5)×(103.0)				4,213,710	12	50,564,518
											4,024,600	4,024,600×(101.7)×(102.5)×(103.0)			4,321,204	12	51,854,447
												4,185,700	4,185,700×(102.5)×(103.0)		4,419,053	12	53,028,632
													4,377,600	4,377,600×(103.0)	4,508,928	12	54,107,136
														4,607,300	4,607,300	12	55,287,600
															합계	168	673,810,121
															평균기준소득월액		4,010,774

2025년 12월까지 재직할 경우 산출된 평균기준소득월액은 4,010,774원입니다. 2012년부터 2025년까지 매년 1.7%의 지급률을 적용할 때, 계산된 연금액은 다음과 같습니다. 이는 2025년 화폐가치 기준 금액입니다.

A교사 실제 연금액 = 4,010,774원 × 14년 × 1.7% = 954,564원/월

이제, 동일한 상황을 '2019년' 시점으로 변경해 봅시다. A교사와 마찬가지로 2012년에 9호봉으로 임용된 B교사는 2019년에 자신의 퇴직 계획을 미리 세워 두고 싶었습니다. 현재는 2019년 12월이고, 퇴직은 6년 후인 2025년 12월에 할 계획입니다. 이에 따라 B교사는 2019년 현재가치로 자신이 수령할 수 있는 연금액이 얼마인지 궁금해졌습니다. 그래서 지난 근무 기간의 기준소득월액을 다음과 같이 현재가치로 환산하였습니다.

연도	2012	2013	2014	2015	2016	2017	2018	2019	현가금액	월	계
보수인상률	-	2.80%	1.70%	3.80%	3.00%	3.50%	2.60%	1.80%			
기준소득월액	2,611,900	2,611,900×(102.8)×(101.7)×(103.8)×(103.0)×(103.5)×(102.6)×(101.8)							3,156,027	12	37,872,320
		2,709,800	2,709,800×(101.7)×(103.8)×(103.0)×(103.5)×(102.6)×(101.8)						3,185,138	12	38,221,656
			2,789,100	2,789,100×(103.8)×(103.0)×(103.5)×(102.6)×(101.8)					3,223,548	12	38,682,576
				2,917,600	2,917,600×(103.0)×(103.5)×(102.6)×(101.8)				3,248,617	12	38,983,399
					3,073,200	3,073,200×(103.5)×(102.6)×(101.8)			3,322,204	12	39,866,449
						3,243,300	3,243,300×(102.6)×(101.8)		3,387,523	12	40,650,276
							3,406,200	3,406,200×(101.8)	3,467,512	12	41,610,139
								3,554,200	3,554,200	12	42,650,400
								합계		96	318,537,216
								평균기준소득월액			3,318,096

2019년까지 이미 받은 급여에 대한 평균기준소득월액은 3,318,096원으로 산정되었습니다. 이제 아직 받지 않은 2020년 1월부터 2025년 12월까지의 6년의 급여를 고려하여 연금을 계산하기 위해서는 다음과 같은 정보가 필요합니다. 2020년~2025년에 대해 앞의 표와 동일한 표를 그리고 빈칸을 채워 나간다고 생각해 보면, ①과 ②를 우선 채우고, 우측의 합계를 계산한 뒤, 평균기준소득월액을 계산해 낼 수 있을 것입니다. 그런데 이 금액은 2025년 기준으로 계산된 것이니 2019년 현재가치로 환산하기 위해서는 ③을 적용해야 합니다. 하지만 2019년에는 ①~③ 중 어떤 것도 정확하게 알 수는 없습니다. 예상하고 가정할 수밖에 없습니다.

① 2020~2025년의 기준소득월액
② 2020~2025년의 공무원보수인상률
③ 2020~2025년의 물가상승률

연도	2020	2021	2022	2023	2024	2025
보수인상률	?	?	?	?	?	?
기준소득월액	?			?		
		?		?		
			?		?	
				?		?
					?	?
						?

이에 대한 해결책으로 ② 공무원보수인상률과 ③ 물가상승률에 대해서는 2013~2019년의 기하평균을 활용하기로 결정했습니다. 자료에 따르면 ②는 2.74%, ③은 1.41%입니다.

연도	2013년	2014년	2015년	2016년	2017년	2018년	2019년	평균
공무원보수인상률	2.80%	1.70%	3.80%	3.00%	3.50%	2.60%	1.80%	2.74%
물가상승률	2.20%	1.30%	1.30%	0.70%	1.00%	1.90%	1.50%	1.41%

구체적으로, 2020년부터 2025년까지의 기준소득월액을 산출하기 위해, 가정을 하나 추가하겠습니다. 매년도의 봉급은 전년도 봉급에 보수인상률을 곱한 값과 같다고 가정합니다. 즉, 2019년도 봉급표에서 17호봉부터 시작해 각 호봉이 올라갈 때마다 2.74%를 연속적으로 곱하고, 여기에 수당 1,000,000원을 추가하여 기준소득월액을 계산합니다.

- 2020년도 17호봉 봉급 = 2019년도 17호봉 봉급 $\times 1.0274^1$
- 2021년도 18호봉 봉급 = 2020년도 18호봉 봉급 $\times 1.0274^1$
  = 2019년도 18호봉 $\times 1.0274^2$
- 2022년도 19호봉 봉급 = 2021년도 19호봉 봉급 $\times 1.0274^1$
  = 2020년도 19호봉 $\times \times 1.0274^2$ = 2019년도 19호봉 $\times 1.0274^3$
  …

연도	2020	2021	2022	2023	2024	2025
호봉	17	18	19	20	21	22
봉급	2,651,900	2,754,200	2,856,000	2,957,600	3,059,300	3,172,200
보수인상률 반영	2,724,560	2,907,190	3,097,250	3,295,320	3,502,030	3,730,760
과세수당	1,000,000	1,000,000	1,000,000	1,000,000	1,000,000	1,000,000
기준소득월액	3,724,560	3,907,190	4,097,250	4,295,320	4,502,030	4,730,760

이렇게 기준소득월액을 도출한 뒤 다음과 같이 표를 채워 나가며 매년 보수인상률을 반영해 합계를 내고 평균기준소득월액을 도출합니다.

2020년부터 2025년까지의 평균기준소득월액인 4,491,722원은 2025년의 화폐가치로 계산된 값입니다. 하지만 B교사는 2019년 현재 기준의 가치를 알고자 하였으므로 이 값을 물가상승률 1.41%로 6회 나누어 할인하면 2019년의 현재가치가 나옵니다.

연도	2020	2021	2022	2023	2024	2025	현가금액	월	계
보수인상률	2.74%	2.74%	2.74%	2.74%	2.74%	2.74%			
기준소득월액	3,724,560	3,724,560×(102.74)	×(102.74)	×(102.74)	×(102.74)	×(102.74)	4,263,564	12	51,162,767
		3,907,190	3,907,190×(102.74)	×(102.74)	×(102.74)	×(102.74)	4,353,342	12	52,240,102
			4,097,250	4,097,250×(102.74)	×(102.74)	×(102.74)	4,443,356	12	53,320,276
				4,295,320	4,295,320×(102.74)× (102.74)		4,533,928	12	54,407,139
					4,502,030	4,502,030 ×(102.74)	4,625,386	12	55,504,627
						4,730,760	4,730,760	12	56,769,120
						합계		72	323,404,033
						평균기준소득월액			4,491,722

2019년 현재가치 = 2025년 4,491,722원 ÷ 1.0141^6 = 4,129,791원

그러면 이제 연금액을 계산해 볼 수 있습니다. 2019년 현재를 기준, 과거와 미래 두 구간으로 나누어 계산한 평균기준소득월액을 합하여, 전 기간의 평균기준소득월액을 구합니다. 지급률은 1.7%로 가정하고, 재직기간 14년을 반영하여 연금 예상액을 구해 봅니다.

> (a) 2012년부터 2019년까지 기준소득월액의 총합 = 3,318,096원 × 8년 × 12개월 = 318,537,216원
> (b) 2020년부터 2025년까지 기준소득월액의 총합 = 4,129,791원 × 6년 × 12개월 = 297,344,952원
> (a+b) 2012년부터 2025년까지 기준소득월액의 총합 = 318,537,216원 + 297,344,952원 = 615,882,168원
> (a+b/168개월) 평균기준소득월액 = 615,882,168원 ÷ (168개월) = 3,665,965원
>
> **B교사 연금 예상액 = 3,665,965원 × 1.7% × 14년 = 872,499원/월**

앞서 2025년까지 근무한 A교사가 실제 데이터로 계산했던 2025년의 연금 수령액은 2025년 화폐가치 기준으로 954,564원이었습니다. 이를 2019년 화폐 가치로 비교해 보기 위해 2020년부터 2025년까지의 실제 누적 물가상승률(1.152%)로 할인해 보면, 두 금액의 차이는 43,885원으로 실제와 약 5.29%의 오차가 발생했습니다.

> - 2019년 기준, A교사 실제 연금액 = 954,564원 ÷ 1.152 = 828,614원/월
> - 2019년 기준, B교사 연금 예상액(872,499원) - A교사 실제 연금액(828,614원) = 43,885원 (실제 연금액의 약 5.29% 오차)

공무원연금공단으로서는 공신력과 책임 때문에, 공무원보수인상률과 물가상승률에 대한 추정이나 가정을 가지고 계산하는 행위를 직접 하기가 어렵습니다. 하지만 이처럼 그간의 이력을 바탕으로 한 수치를 기반으

로 이 두 가지 숫자를 가정해 넣으면 실제와 유사한 연금 수령액을 추정해 볼 수 있습니다. 이 방식은 큰 오차 없이 예상액을 산출할 수 있는 유의미한 방법이지만 계산 과정이 다소 복잡하다는 단점이 있습니다. 그래서 좀 더 간단한 방법으로 연금액을 예측하기를 원하는 C교사를 위해 계산법을 안내해 드리겠습니다. 좀 더 간단한 계산을 위해 두 가지를 추가로 가정하겠습니다.

첫째, 미래의 기준소득월액을 구하는 과정을 전년도 기준소득월액에 공무원보수인상률을 곱하는 것으로 갈음하겠습니다. 실제로, 앞서 공무원보수인상률은 호봉별 봉급인상률보다는 기준소득월액인상률과 더 비슷한 것을 확인했었습니다.

> 전년도 기준소득월액 × 당해년도 공무원보수인상률 = 당해년도 기준소득월액

둘째, 공무원보수인상률을 물가상승률로 갈음하겠습니다. 앞서, 공무원보수인상률이 물가상승률보다 대체적으로 높았던 것을 확인했습니다. 연금액 계산시 공무원보수인상률(이자율)은 플러스요인이고, 물가상승률(할인율)은 마이너스요인입니다. 공무원보수인상률을 실제보다 낮게 설정하면 연금액이 과다계산되는 것을 방지할 수 있습니다. 또한 계산의 이점이 커집니다. 그래서 공무원보수인상률과 물가상승률을 동일하다 가정하겠습니다. 즉 공무원보수인상률을 연간 2.74%가 아닌 물가상승률과 동일한 1.41%로 가정하면 각 연도별 호봉에 따른 2025년 현재가치의 기준소득월액은 다음과 같이 정리될 수 있습니다.

⟨2025년 현재가치의 기준소득월액⟩

- 2020년도 17호봉 기준소득월액 × 1.0141^5 = (2019년도 17호봉 × 1.0141^1) × 1.0141^5 = 2019년도 17호봉 × 1.0141^6
- 2021년도 18호봉 기준소득월액 × 1.0141^4 = (2019년도 18호봉 × 1.0141^2) × 1.0141^4 = 2019년도 18호봉 × 1.0141^6
- 2022년도 19호봉 기준소득월액 × 1.0141^3 = (2019년도 19호봉 × 1.0141^3) × 1.0141^3 = 2019년도 19호봉 × 1.0141^6
- 2023년도 20호봉 기준소득월액 × 1.0141^2 = (2019년도 20호봉 × 1.0141^4) × 1.0141^2 = 2019년도 20호봉 × 1.0141^6
- 2024년도 21호봉 기준소득월액 × 1.0141^1 = (2019년도 21호봉 × 1.0141^5) × 1.0141^1 = 2019년도 21호봉 × 1.0141^6
- 2025년도 22호봉 기준소득월액 = 2019년도 22호봉 × 1.0141^6

이 기준소득월액들을 2019년도의 화폐가치로 환산하기 위해, 물가상승률인 1.41%를 이용하여 나눠 주면 다음 표와 같이 곱셈식이 간단하게 정리되는 것을 확인할 수 있습니다.

⟨2025년 현재가치의 기준소득월액 → 2019년 현재가치의 기준소득월액⟩

- (2020년도 17호봉 기준소득월액 × 1.0141^5) ÷ 1.0141^6
 = (2019년도 17호봉× 1.0141^1 × 1.0141^5) ÷ 1.0141^6
- (2021년도 18호봉 기준소득월액 × 1.0141^4) ÷ 1.0141^6
 = (2019년도 18호봉× 1.0141^2 × 1.0141^4) ÷ 1.0141^6
- (2022년도 19호봉 기준소득월액 × 1.0141^3) ÷ 1.0141^6
 = (2019년도 19호봉× 1.0141^3 × 1.0141^3) ÷ 1.0141^6
- (2023년도 20호봉 기준소득월액 × 1.0141^2) ÷ 1.0141^6
 = (2019년도 20호봉× 1.0141^4 × 1.0141^2) ÷ 1.0141^6
- (2024년도 21호봉 기준소득월액 × 1.0141^1) ÷ 1.0141^6
 = (2019년도 21호봉× 1.0141^5 × 1.0141^1) ÷ 1.0141^6
- 2025년도 22호봉 기준소득월액 ÷ 1.0141^6
 = (2019년도 22호봉 × 1.0141^6) ÷ 1.0141^6

- 2020년도 17호봉 기준소득월액 = 2019년도 17호봉 기준소득월액
- 2021년도 18호봉 기준소득월액 = 2019년도 18호봉 기준소득월액
- 2022년도 19호봉 기준소득월액 = 2019년도 19호봉 기준소득월액
- 2023년도 20호봉 기준소득월액 = 2019년도 20호봉 기준소득월액
- 2024년도 21호봉 기준소득월액 = 2019년도 21호봉 기준소득월액
- 2025년도 22호봉 기준소득월액 = 2019년도 22호봉 기준소득월액

이것이 의미하는 바는 2020~2025년도 기간의 호봉별 기준소득월액을 2019년도 봉급표에 과세수당 월 100만 원을 더한 금액으로 대체해 볼 수 있다는 것입니다. 그러면 해당 기간 동안의 기준소득월액을 다음과 같이

추산할 수 있습니다.

연도	2020 (=2019)	2021 (=2019)	2022 (=2019)	2023 (=2019)	2024 (=2019)	2025 (=2019)	총합
호봉	17	18	19	20	21	22	
봉급	2,651,900	2,754,200	2,856,000	2,957,600	3,059,300	3,172,200	
과세수당	1,000,000	1,000,000	1,000,000	1,000,000	1,000,000	1,000,000	
기준소득월액	3,651,900	3,754,200	3,856,000	3,957,600	4,059,300	4,172,200	23,451,200

다시 말해 C교사는 2012년~2025년 전체 기간의 평균기준소득월액의 2019년의 현재가치를 다음과 같이 간단하게 산출할 수 있습니다. 2020~2025년의 기준소득월액은 이미 2019년의 가치로 환산되어 있습니다. 평균을 내고 지급율 1.7%를 적용하니 2019년 기준 연금 예상액은 다음과 같습니다.

(a) 2012년부터 2019년까지 기준소득월액의 총합 = 3,318,096원 × 8년 × 12개월 = 318,537,216원

(b) 2020년부터 2025년까지 기준소득월액의 총합 = 3,908,533원 × 6년 × 12개월 = 281,414,376원

(a+b) 2012년부터 2025년까지 기준소득월액의 총합 = 318,537,216원 + 281,414,376원 = 599,951,592원

(a+b/168) 평균기준소득월액 = 599,951,592원 ÷ 168개월 = 3,571,140원

C교사 연금 예상액 = 3,571,140원 × 1.7% × 14년 = 849,931원/월

C교사의 연금예상액은 849,931원으로 계산되었고, 실제 연금액인 828,614원과의 오차율은 약 2.57%였습니다.

- 2019년 기준, A교사 실제 연금액 = 954,564원 ÷ 1.152 = 828,614원/월
- 2019년 기준, C교사 연금 예상액(849,931원) - A교사 실제 연금액(828,614원) = 23,317원(실제 연금액의 약 2.57% 오차)

C교사가 사용한 간단 계산법의 가장 중요한 이점은 계산이 매우 손쉬워진다는 점입니다. 당해연도의 봉급표만을 사용하면, 공무원보수인상률을 곱하고, 물가상승률을 나눠줘야하는 과정을 생략할 수 있기 때문에 미래의 기준소득월액을 현재가치의 기준소득월액으로 손쉽게 구할 수 있습니다.

지급률과 재직기간

지급률의 개념은 앞서 65쪽에서 소개하였습니다. 공무원연금법이 두 차례 개정을 거치며 지급률은 1기간(2.5%에서 2.0%로), 2기간(1.9%), 3기간(1.7%)으로 변화되었습니다.

1기간의 지급률은 2010년 1월 1일 이전의 바로 직전 3년간 평균보수월액을 기준으로 하여, 20년 이하의 재직 기간에 대해서는 2.5%를, 그 이후 기간에 대해서는 2.0%를 곱하여 계산합니다. 2~3기간의 지급률 계산은 2010년 이후 전체 재직기간의 평균기준소득월액을 기준으로 하되 2기간인 2010년 1월 1일부터 2015년 12월 31일까지는 1.9%를, 3기간인 2016년 1월 1일 이후 기간은 1.7%를 곱하는 방식으로 이루어집니다.

그러나 지급률을 바로 1.7%로 조정하지 않고 경과규정을 두었습니다.

2016년부터 5년 동안 매년 0.022%씩, 그다음 5년 동안 매년 0.01%씩, 그리고 추가로 10년 동안 매년 0.004%씩 점진적으로 인하하여 지급률이 최종적으로 1.7%에 도달하도록 설정하였습니다. 실제 연도별 지급률은 다음과 같습니다.

연도(년)	지급률(%)	연도(년)	지급률(%)	연도(년)	지급률(%)
2016	1.878	2023	1.76	2030	1.72
2017	1.856	2024	1.75	2031	1.716
2018	1.834	2025	1.74	2032	1.712
2019	1.812	2026	1.736	2033	1.708
2020	1.79	2027	1.732	2034	1.704
2021	1.78	2028	1.728	2035	1.7
2022	1.77	2029	1.724		

이 표를 참조하면 2025년에는 1.74%의 지급률이 적용되고 2035년에는 1.7%의 지급률이 적용됩니다. 앞선 C교사의 사례에 이를 적용해 보겠습니다. 2012년부터 2025년까지 14년간 근무 시 평균기준소득월액은 3,571,140원으로 계산되었습니다. 이를 기반으로 연금수령액을 아래와 같이 계산합니다.

> 2012년부터 2015년까지: 3,571,140원 × 1.9% × 4년 = 271,406원
> 2016년: 3,571,140원 × 1.878% × 1년 = 67,066원
> 2017년: 3,571,140원 × 1.856% × 1년 = 66,280원
> 2018년: 3,571,140원 × 1.834% × 1년 = 65,494원
> ⋯

> 2024년: 3,571,140원 × 1.75% × 1년 = 62,494원
> 2025년: 3,571,140원 × 1.74% × 1년 = 62,137원
>
> **총합(연금수령액) : 913,136원**

한편 2035년에 임용된 교사가 D교사와 동일한 평균기준소득월액으로 역시 14년을 근무했다면 받게 될 연금수령액은 다음과 같습니다. 차액 63,205원은 C교사 연금액 대비 약 6.92%에 해당되는 금액입니다. 연금액이 다소 적게 계산되는 것이 나쁜 것만은 아닙니다. 연금 수령액을 과대 계산하면 준비해야 할 자금을 실제보다 적게 예상하게 되어, 은퇴 시 연금재원이 부족해지는 상황이 발생할 수 있다는 점을 생각하면 연금 예상액이 실제보다 다소 적게 계산되는 것이 오히려 바람직할수도 있습니다. 따라서 우리는 계산의 단순화를 위해 2기간 이후부터는 모두 1.7%의 지급률을 적용하도록 하겠습니다.

> 2035년부터 2048년까지: 3,571,140원 × 1.7% × 14년 = 849,931원

마지막으로, 재직기간에 관해 한 가지 사항을 더 짚고 넘어가겠습니다. 앞서 살펴 봤던 재직기간의 인정 범위는 다음 표와 같습니다.

2016년 1월 1일 전의 재직기간	21년 이상	17년 이상 21년 미만	15년 이상 17년 미만	15년 미만
재직기간 상한	33년	34년	35년	36년

2001년 1월 1일 이후에 임용되신 선생님들의 경우, 재직기간이 최대 36년까지 인정됩니다. 이 인정 기간 동안 우리는 기여금을 납부하게 되며, 최대 기간에 도달하면 이후 기간의 기여금 납부가 면제됩니다. 기여금 납부 의무가 면제되는 것은 이점으로 여겨질 수 있으나, 연금 계산 시 재직기간을 추가로 반영하지 않게 되어 연금액의 증가율이 둔화될 수 있다는 점도 고려해야 합니다.

재직기간의 정의에서 중요한 점은 기준소득월액과의 관계입니다. 재직기간의 상한이 36년이라는 것은 연금 계산 공식에서 '재직기간' 변수의 최대값이 36년임을 의미합니다. 실제 근무기간이 40년이더라도 36년만 산입됩니다.

> 연금 계산 공식 = 평균기준소득월액 × 지급률 × 재직기간 (1년~36년)

앞서 지급률에 재직기간을 곱하면 소득대체율이 된다는 점을 설명했습니다. 2010년 이전에는 지급률이 2.0%에서 2.5%였으며 근무 기간 상한인 33년을 적용할 경우, 소득대체율이 평균 급여의 76% 수준임을 의미했습니다. 반면 2010년에 임용된 교사가 36년 이상 근무했을 때의 소득대체율은 63.55%, 2035년 이후에 임용된 교사의 소득대체율은 61.2%입니다.

예상 연금수령액 결과표

연금수령액을 예상하여 표로 제시해 보겠습니다. 표에 제시된 예상 연금수령액은 계산 과정에서 혼란을 줄 수 있는 요소는 배제하고, 핵심만을 간추려 단순화한 계산법에 몇 가지 가정을 추가하여 도출한 것입니다. 이 책을 중간부터 읽기 시작하신 선생님들께서는 이 내용만으로 오해하지 않으시기를 당부합니다[2]. 이 예상 연금수령액은 다음과 같은 가정하에 산출한 것입니다.

---

[2] 단순화한 계산법으로 도출한 이 부분의 내용 외, 정확한 원리와 상세한 계산 과정을 확인하고자 하시는 분들은 108쪽의 〈깊이 알아보기〉의 '정확한 예상 연금 수령액 계산방법'을 참고하시기 바란다.

(1) 기본 가정

연금수령액 = 평균기준소득월액 × 지급률 × 재직기간

- 23세에 임용되어 2025년 기준 9호봉에 해당
- 3년 재직 후 1급 정교사 취득으로 호봉 승급
- 2025년 현재의 가치를 기준으로 하며, 2025년의 봉급표를 적용(40호봉을 초과하는 경우 호봉당 78,300원 증가)
- 공무원 보수 인상률과 물가 상승률이 동일하다고 가정
- 지급률은 전체 기간 동안 1.7%로 고정
- 총 36년간 재직 기간
- 재직 10년 이후부터 연금액 산정 시작
- 계산에 포함되는 수당 및 해당 금액은 다음과 같음

  교직수당: 250,000원

  교직수당(가산금4) 담임수당: 200,000원

  초과근무수당(정액분): 20~29호봉 기준 10시간 금액 137,320원

  정근수당: 2회 지급(1월, 7월)

  정근수당 가산금(5년 미만 30,000원/5년~9년 50,000원/10년~14년 60,000원/15년~19년 80,000원/20년 이상 100,000원)

  정근수당 추가 가산금(20년~25년 10,000원/26년 이상 30,000원)

  명절수당: 2회 지급(2월, 9월)

  성과상여금: 기준금액 4,117,800원

(2) 가정에 따른 기본 항목값

재직기간	호봉	봉급	교직수당	교직수당 (가산금4)	정근수당 가산금	정근수당 추가가산금
1	9	2,365,500	250,000	200,000	30,000	0
2	10	2,387,800	250,000	200,000	30,000	0
3	11	2,408,300	250,000	200,000	30,000	0
4	13	2,567,600	250,000	200,000	30,000	0
5	14	2,679,900	250,000	200,000	30,000	0
6	15	2,792,000	250,000	200,000	50,000	0
7	16	2,904,500	250,000	200,000	50,000	0
8	17	3,015,500	250,000	200,000	50,000	0
9	18	3,131,900	250,000	200,000	50,000	0
10	19	3,247,500	250,000	200,000	50,000	0
11	20	3,363,300	250,000	200,000	60,000	0
12	21	3,478,900	250,000	200,000	60,000	0
13	22	3,607,300	250,000	200,000	60,000	0
14	23	3,734,600	250,000	200,000	60,000	0
15	24	3,862,300	250,000	200,000	60,000	0
16	25	3,989,800	250,000	200,000	80,000	0
17	26	4,117,800	250,000	200,000	80,000	0
18	27	4,251,300	250,000	200,000	80,000	0
19	28	4,384,500	250,000	200,000	80,000	0
20	29	4,523,800	250,000	200,000	80,000	0
21	30	4,663,600	250,000	200,000	100,000	10,000
22	31	4,803,000	250,000	200,000	100,000	10,000
23	32	4,942,200	250,000	200,000	100,000	10,000
24	33	5,083,700	250,000	200,000	100,000	10,000
25	34	5,224,600	250,000	200,000	100,000	10,000
26	35	5,365,800	250,000	200,000	100,000	30,000
27	36	5,506,400	250,000	200,000	100,000	30,000
28	37	5,628,700	250,000	200,000	100,000	30,000
29	38	5,751,200	250,000	200,000	100,000	30,000
30	39	5,873,900	250,000	200,000	100,000	30,000
31	40	5,995,800	250,000	200,000	100,000	30,000
32	근1	6,074,100	250,000	200,000	100,000	30,000
33	근2	6,152,400	250,000	200,000	100,000	30,000
34	근3	6,230,700	250,000	200,000	100,000	30,000
35	근4	6,309,000	250,000	200,000	100,000	30,000
36	근5	6,387,300	250,000	200,000	100,000	30,000

초과근무수당 정액분	정근수당	명절수당	성과급	연간총합	기준소득월액
137,320	473,100	2,838,600	4,117,800	43,223,340	3,601,945
137,320	477,560	2,865,360	4,117,800	43,522,160	3,626,847
137,320	963,320	2,889,960	4,117,800	44,278,520	3,689,877
137,320	1,027,040	3,081,120	4,117,800	46,445,000	3,870,417
137,320	1,071,960	3,215,880	4,117,800	47,972,280	3,997,690
137,320	1,396,000	3,350,400	4,117,800	50,016,040	4,168,003
137,320	1,742,700	3,485,400	4,117,800	51,847,740	4,320,645
137,320	2,110,850	3,618,600	4,117,800	53,681,090	4,473,424
137,320	2,505,520	3,758,280	4,117,800	55,612,240	4,634,353
137,320	2,922,750	3,897,000	4,117,800	57,555,390	4,796,283
137,320	3,363,300	4,035,960	4,117,800	59,644,500	4,970,375
137,320	3,478,900	4,174,680	4,117,800	61,286,020	5,107,168
137,320	3,607,300	4,328,760	4,117,800	63,109,300	5,259,108
137,320	3,734,600	4,481,520	4,117,800	64,916,960	5,409,747
137,320	3,862,300	4,634,760	4,117,800	66,730,300	5,560,858
137,320	3,989,800	4,787,760	4,117,800	68,780,800	5,731,733
137,320	4,117,800	4,941,360	4,117,800	70,598,400	5,883,200
137,320	4,251,300	5,101,560	4,117,800	72,494,100	6,041,175
137,320	4,384,500	5,261,400	4,117,800	74,385,540	6,198,795
137,320	4,523,800	5,428,560	4,117,800	76,363,600	6,363,633
137,320	4,663,600	5,596,320	4,117,800	78,708,760	6,559,063
137,320	4,803,000	5,763,600	4,117,800	80,688,240	6,724,020
137,320	4,942,200	5,930,640	4,117,800	82,664,880	6,888,740
137,320	5,083,700	6,100,440	4,117,800	84,674,180	7,056,182
137,320	5,224,600	6,269,520	4,117,800	86,674,960	7,222,913
137,320	5,365,800	6,438,960	4,117,800	88,920,000	7,410,000
137,320	5,506,400	6,607,680	4,117,800	90,916,520	7,576,377
137,320	5,628,700	6,754,440	4,117,800	92,653,180	7,721,098
137,320	5,751,200	6,901,440	4,117,800	94,392,680	7,866,057
137,320	5,873,900	7,048,680	4,117,800	96,135,020	8,011,252
137,320	5,995,800	7,194,960	4,117,800	97,866,000	8,155,500
137,320	6,074,100	7,288,920	4,117,800	98,977,860	8,248,155
137,320	6,152,400	7,382,880	4,117,800	100,089,720	8,340,810
137,320	6,230,700	7,476,840	4,117,800	101,201,580	8,433,465
137,320	6,309,000	7,570,800	4,117,800	102,313,440	8,526,120
137,320	6,387,300	7,664,760	4,117,800	103,425,300	8,618,775

(3) 재직기간별 예상 연금수령액

재직기간	기준소득월액 누계	평균기준소득월액	연금수령액
10	41,179,483	4,117,948	700,050
11	46,149,858	4,195,442	784,540
12	51,257,027	4,271,419	871,360
13	56,516,135	4,347,395	960,770
14	61,925,882	4,423,277	1,052,730
15	67,486,740	4,499,116	1,147,270
16	73,218,473	4,576,155	1,244,710
17	79,101,673	4,653,040	1,344,720
18	85,142,848	4,730,158	1,447,420
19	91,341,643	4,807,455	1,552,800
20	97,705,277	4,885,264	1,660,980
21	104,264,340	4,964,969	1,772,490
22	110,988,360	5,044,925	1,886,800
23	117,877,100	5,125,091	2,003,910
24	124,933,282	5,205,553	2,123,860
25	132,156,195	5,286,248	2,246,650
26	139,566,195	5,367,931	2,372,620
27	147,142,572	5,449,725	2,501,420
28	154,863,670	5,530,845	2,632,680
29	162,729,727	5,611,370	2,766,400
30	170,740,978	5,691,366	2,902,590
31	178,896,478	5,770,854	3,041,240
32	187,144,633	5,848,270	3,181,450
33	195,485,443	5,923,801	3,323,250
34	203,918,908	5,997,615	3,466,620
35	212,445,028	6,069,858	3,611,560
36	221,063,803	6,140,661	3,758,080

퇴직 이후에도 평균기준소득월액은 연금개시연령에 도달할 때까지 공무원보수인상률을 적용하여 현가화합니다. 연금이 시작된 후부터는 연금수령액에 물가상승률을 적용하여 현가화합니다. 2025년에 임용되어 36년 근무 후 퇴직 시 예상 연금액은 3,758,080원이며 이 금액은 2025년 화폐가치를 기준으로 합니다.

 깊이 알아보기

정확한 예상 연금수령액 계산방법

(1) 평균보수월액 계산방법

앞서 간단히 살펴본 퇴직연금 예상 수령액에 대해, 이제 좀 더 정밀한 계산 방법을 알아보겠습니다. 퇴직연금을 계산하는 실제 공식은 다음과 같습니다.

재직기간	1기간	2기간	3기간
	~ 2009.12.31.	2010.1.1.~ 2015.12.31.	2016.1.1. ~
퇴직연금	〈20년 미만〉 평균보수월액 현가액 × 재직연수 × 2.5% 〈20년 이상〉 (평균보수월액 현가액 × 50%) + (평균보수월액 현가액 × 20년 초과 재직연수 × 2%)	평균기준소득월액 × 이행률 × 재직연수 × 1.9%	(개인 평균기준소득월액 × 이행률) × 매년 재직연수 × 매년 지급률 (소득재분배 평균기준소득월액 × 이행률) × 매년 재직연수 × 매년 지급률

각 기간별 계산 방식을 차례로 살펴보겠습니다. 2009년 12월 31일 이전 재직기간에 적용되는 월 소득액은 평균보수월액의 현재가치를 의미합니다. 연간 수입(봉급, 정근수당 및 정근수당 가산금을 포함한 총액)을 12개월로 나눈 금액이 해당 연도의 보수월액입니다. 2007년 1월 1일부터 2009년 12월 31일까지 3년간의 보수월액을 2009년도 현재가치로 환산한 후 그 값들의 평균을 평균보수월액이라 합니다.

예를 들어, A교사의 경우 2007년의 월 보수가 200만 원, 2008년은 210만 원, 2009년은 220만 원이었다면, 2007년과 2008년의 보수에 각각 그 해의 공무원보수인상률을 적용하여 2009년을 기준으로 현재가치로 환산합니다. 이때 2008년의 보수 인상률이 1.8%이고, 2009년의 인상률이 0%였으므로, 실질적으로 2007년도 보수에만 1.8%를 곱해주면 됩니다.

기간	보수월액	현가화	현가보수월액	월수	평균보수월액
2007.1.~12.	2,000,000	×1.018×1.0	2,036,000	12	24,432,000
2008.1.~12.	2,100,000	×1.0	2,100,000	12	25,200,000
2009.1.~12.	2,200,000		2,200,000	12	26,400,000
				36	76,032,000

현가화된 보수월액의 합계는 76,032,000원입니다. 이를 36개월로 나누어 평균보수월액 2,112,000원을 도출했습니다. 이 금액은 2009년의 화폐가치를 반영한 것으로, 연금 수령액 계산 시점의 가치로 현가화하는 과정이 필요합니다. 현가화에 사용하는 값은 공무원보수인상률의 누적 변동률과 기준소득월액 변동률 중 높은 값을 사용합니다.

첫 번째 방식인 2010년부터 2024년까지의 공무원보수인상률을 연속적으로 적용했을 때의 결과는 44.11%입니다.

연도	2010년	2011년	2012년	2013년	2014년	2015년	2016년	2017년
공무원보수 인상률	0%	5.1%	3.50%	2.80%	1.70%	3.80%	3.00%	3.50%
연도	2018년	2019년	2020년	2021년	2022년	2023년	2024년	누적
공무원보수 인상률	2.60%	1.80%	2.80%	0.90%	1.40%	1.70%	2.50%	44.11%

두 번째 방식인 기준소득월액 변동률을 적용한 결과는 45.83%입니다.

$$1.4583 = \frac{5{,}520{,}000(2024년\ 공무원전체의\ 기준소득월액평균액)}{3{,}785{,}000(2008년, 2009년\ 공무원전체의\ 기준소득월액평균액의\ `평균액)}$$

두 방식 중 기준소득월액 변동률이 더 높은 값이기에, 45.83%를 적용하여 현가화합니다. (2025년 공무원전체의 기준소득월액평균액이 발표되지 않았기 때문에, 두 방식 모두 2024년의 수치를 기준으로 하여 비교했습니다.) 그 결과, 2024년의 화폐가치로 3,079,929원이 계산됩니다. 이 금액이 1기간 동안의 퇴직연금 계산에 사용되는 '평균보수월액 현가액'입니다. 재직기간이 20년까지는 지급률이 2.5%고, 20년을 초과하는 기간에 대해서는 2%의 지급률이 적용됩니다. 예를 들어, 10년간 근무한 경우, 1기간 퇴직연금은 769,980원(3,079,929원×2.5%×10년)이 됩니다. 동일한 평균보수월액에 27년간 근무한 경우의 1기간 퇴직연금은 1,971,150원(3,079,929원×50%+3,079,929원×2%×7년)입니다.

(2) 평균기준소득월액

2기간과 3기간에 적용되는 월 소득액은 평균기준소득월액입니다. 여기서 기준소득월액의 정확한 정의는 아래와 같습니다.

기준소득월액 = {(연간 과세 소득액 – 연간 3개 수당 지급액 + 직종 및 직급별 3개 수당의 평균액) ÷ 12개월} × (1 + 공무원보수인상률)

앞서, 간단한 계산을 위해 설명드렸던 것에서 공무원보수인상률을 곱하는 것이 추가되었습니다. 기준소득월액에 대해 자세히 살펴보면, 이는 전년도 소득을 바탕으로 현재가치를 반영한 금액입니다. 즉, 2025년의 기준소득월액은 2025년의 연봉이 아니라, 2024년 1월부터 12월까지의 소득을 기준으로 2025년 공무원보수인상률을 적용하여 현재 가치화한 금액입니다. 예를 들어, 2024년 한 해 동안의 과세소득이 5천만 원, 연간 3개 수당 지급액이 5백만 원, 직종 및 직급별 3개 수당의 평균액이 6백만 원인 경우, 2025년의 기준소득월액은 다음과 같이 계산됩니다.

{(50,000,000원 − 5,000,000원 + 6,000,000원) ÷ 12} × (1 + 2025년 공무원보수인상률) = 4,250,000원 × 1.03 = 4,377,500원

이 기준소득월액은 매년 5월 1일부터 다음 해 4월 30일까지 적용됩니다. 따라서, 2024년 1월부터 12월까지의 소득으로 계산한 4,377,500원은 2025년 5월 1일부터 2026년 4월 30일까지 적용되는 기준소득월액입니다.

퇴직연금의 정밀한 계산을 위해 첫 번째로 넘어야할 산이 바로 기준소득월액에 대한 정확한 정의입니다. 간단한 계산을 위한 설명과 다른 점이 두 가지 있습니다. 첫번째로, 앞선 간단한 계산에선 2025년 화폐가치 기준으로 연금액을 계산하기 위해 2025년 봉급표를 사용하여 기준소득월액을 구하였습니다. 하지만, 정밀한 계산을 위해서는 2024년 봉급표를 사용하여 2024년 1월1일~12월31일까지의 과세보수액을 구한 뒤, 2025년 공무원보수인상률을 곱하는 것으로 기준소득월액을 산정해야 합니다.

두 번째로, 1월1일~12월31일의 과세보수액을 구하므로, 보통 동일한 호봉의 보수로 계산되지 않습니다. 예를 들어, 2020년 3월에 9호봉으로 임용된 교사는 2021년 3월에 10호봉으로 승급되어, 2021년 1월과 2월은 9호봉의 월급을, 3월부터 12월까지는 10호봉의 월급을 받게 됩니다. 따라서, 기준소득월액을 계산하는 데 있어서 이 교사는 매년 3월 호봉이 올라가서, 2024년의 과세소득은 1~2월은 12호봉 금액으로, 3~12월은 13호봉 금액으로 합산해야 합니다.

또한 기준소득월액은 1월부터 12월까지 모든 기간을 빠짐없이 근무한 것을 기준으로 정해집니다. 만약, 하루라도 근무를 빠진 기간이 생긴다면, 다른 방식으로 책정을 합니다. 세부 책정 방식은 아래와 같습니다.

---

① 1월~12월까지 모두 근무한 소득 有 : 기준소득월액 산정식에 의해 책정

② 1월~12월까지 모두 근무한 소득 無 : 직전년도 기준소득월액에 1+보수인상률을 곱함

③ 신규 임용자 : 직종, 직급, 호봉이 동일한 공무원의 기준소득월액 평균액으로 책정

④ 퇴직년도 1~4월 퇴직자 : 기준소득월액 산정식에 의해 책정

위 책정 방식을 근거로 하여, 2025년 3월 임용자의 3년 간의 기준소득월액은 다음과 같이 책정될 수 있습니다.

1. 2025.3월 ~ 2025.4월 : 2023년 9호봉의 1월~12월 소득에 대한 기준소득월액
2. 2025.5월 ~ 2026.4월 : 전년도 기준소득월액 × 2025년 공무원보수인상률
3. 2026.5월 ~ 2027.4월 : 전년도 기준소득월액 × 2026년 공무원보수인상률
4. 2027.5월 ~ 2028.4월 : 2026년 1월~12월 소득에 대한 기준소득월액

이것을 정리하면, 2025년도 3월 발령자에게 책정되는 기준소득월액은 다음과 같습니다.

기준소득월액 적용 기간	기준소득월액
2025년 3월~ 2025년 4월	2023년 9호봉 × 2024년 공무원보수인상률
2025년 5월~ 2026년 4월	2023년 9호봉 × (2024년,2025년 공무원보수인상률)
2026년 5월~ 2027년 4월	2023년 9호봉 × (2024년,2025년,2026년 공무원보수인상률)
2027년 5월~ 2028년 4월	2026년 9~10호봉 × 2027년 공무원보수인상률
2028년 5월~ 2029년 4월	2027년 10~11호봉 × 2028년 공무원보수인상률
...	
2063년 5월 ~ 2064년 4월	2062년 근속가봉 5~6호봉 × 2063년 공무원보수인상률
2064년 5월 ~ 2065년12월	2063년 근속가봉 6~7호봉 × 2064년 공무원보수인상률
2065년 1월 ~ 2065년 2월	2064년 근속가봉 7호봉 × 2065년 공무원보수인상률

우리는 앞서 미래의 기준소득월액을 현가화시키는 것을 다뤄봤습니다. 이에 따라, 과거의 기준소득월액에는 공무원보수인상률을 곱하고, 미래의 기준소득월액에는 공무원보수인상률로 나누기를 하여, 2023년도, 2024년도 봉급표에 공무원보수인상률을 곱한 것으로서 2025년 화폐가치의 기준소득월액을 다음과 같이 정리할 수 있습니다.

기준소득월액 적용 기간	기준소득월액
2025년 3월~ 2025년 4월	2023년 9호봉 × 2024,2025년 공무원보수인상률
2025년 5월~ 2026년 4월	2023년 9호봉 × 2024,2025년 공무원보수인상률
2026년 5월~ 2027년 4월	2023년 9호봉 × 2024,2025년 공무원보수인상률
2027년 5월~ 2028년 4월	2024년 9~10호봉 × 2025년 공무원보수인상률
2028년 5월~ 2029년 4월	2024년 10~11호봉 × 2025년 공무원보수인상률
…	
2063년 5월 ~ 2064년 4월	2024년 근속가봉 5~6호봉 × 2025년 공무원보수인상률
2064년 5월 ~ 2065년12월	2024년 근속가봉 6~7호봉 × 2025년 공무원보수인상률
2065년 1월 ~ 2065년 2월	2024년 근속가봉 7호봉 × 2025년 공무원보수인상률

※ 기준소득월액 상한액 : 전체 공무원 기준소득월액 평균액의 1.6배

위 표에서 퇴직년도까지의 전기간 기준소득월액을 합한 후, 총 근무 기간으로 나누어 평균기준소득월액을 산출합니다. 2025년 이전 임용자의 경우, 공단에 본인의 평균기준소득월액과 재직기간에 대한 자료를 요청하시면 이전 기준소득월액의 합계액을 확인하실 수 있고, 이후 계산과정을 좀 더 수월하게 진행하실 수 있습니다.

(3) 이행률, 재직기간

1기간에서 2기간으로 이행하면서 가장 주목할 변화는 월 소득액이 평균보수월액에서 평균기준소득월액으로 전환된 점입니다. 공무원연금은 '더 내고, 덜 받는' 방향으로 개정되었습니다. 하지만, 보수월액에서 기준소득월액으로 변경되면 실제로 그 기준소득은 상당히 증가하게 됩니다. 보수월액은 봉급과 정근수당, 정근수당가산금만을 포함한 금액이지만, 기준소득월액은 정근수당 외에도 과세 대상이 되는 각종 수당까지 모두 포함한 금액이기 때문입니다. 그래서 보수월액에서 기준소득월액으로

변할 때, 1기간부터 근무한 교사들이 공무원연금 개정 후 연금을 더 많을 가능성이 발생했고, 이를 예방하기 위해 도입된 것이 '이행률'입니다.(이행률의 공식 명칭은 '재직 기간별 기준소득월액에 적용하는 비율'입니다. 전체 표는 공무원연금법 시행령 부칙〈제29181호, 2018. 9.18〉제10조에서 확인하실 수 있습니다.)

이후기간/종전기간	19년이상~20년미만	18년이상~19년미만	17년이상~18년미만	16년이상~17년미만
6년초과~7년이하	73.01%	75.53%	78.05%	80.57%
7년초과~8년이하	73.23%	75.45%	77.67%	79.89%
8년초과~9년이하	73.37%	75.36%	77.34%	79.32%

위의 표는 이행률의 일부입니다. 2010년 1월 1일 이전을 '종전기간', 2010년 1월 1일 이후를 '이후기간'으로 명명합니다. 예컨대, 1991년 3월에 임명된 선생님이 2016년 2월에 은퇴한다면, 종전기간은 18년 이상~19년 미만, 이후기간은 6년 초과~7년 이하 구간에 해당이 되어, 적용될 이행률은 75.53%입니다. 평균기준소득월액이 6,000,000원일 경우, 이 이행률을 곱한 4,531,800원으로 평균기준소득월액이 조정됩니다.

실제로, 종전기간이 길수록 이행률의 비율은 감소하며, 반대로 종전기간이 짧고 이후기간이 긴 경우 이행률은 상승합니다.

이후기간/종전기간	2년이상~3년미만	1년이상~2년미만	1년미만	신규자
30년초과~31년이하	102.17%	102.06%	101.93%	101.09%
31년초과~32년이하		103.23%	103.08%	102.23%
32년초과			104.30%	103.44%

특히 2010년 1월 1일 이후에 새로 임용된 사람이 32년 초과하여 재직할 경우, 이행률은 103.44%에 이릅니다. 은퇴 시 평균기준소득월액이 6,000,000원이라면, 이행률 조정 후의 평균기준소득월액은 6,206,400원이 됩니다. 이행률은 32년까지 지속적으로 증가하며, 32년 초과부터는 동일한 비율을 적용합니다.

재직기간의 중요성에 대해 다시 한번 조명해 보겠습니다. 연금액 계산 시, '재직기간'을 간단한 변수로만 여기기 쉬운데, 앞서 언급한 이행률을 통해 알 수 있듯, 재직기간은 단순한 변수의 역할을 넘어, 이행률을 결정하는 변수이며, 최종적으로 평균기준소득월액을 상승시키는 중요한 요소입니다.

게다가, 재직기간에 대해 많이들 오해하는 부분이 있습니다. 재직기간의 상한은 2기간(2015.12.31.)까지의 재직기간에 따라 변화하게 됩니다. 일반적으로 연금액을 계산할 때 많은 이들이 재직기간 상한에만 주목합니다. 그러나 실제로는 재직기간 상한을 넘어서도 연금액이 지속적으로 증가하는 경향이 있습니다. 이 현상은 재직기간이 이행률 외에도 평균기준소득월액에 영향을 끼치기 때문에 발생합니다.

우리 교사들의 급여는 호봉제에 따라 정해지는데, 특별한 변동 없이 재직년수가 증가하면 보수 역시 계속해서 상승하게 됩니다. 평균기준소득월액은 퇴직 시점까지의 기준소득월액을 기반으로 산정되며, 재직기간 상한을 초과한 이후의 기준소득월액도 평균 산정에 포함됩니다. 따라서,

재직기간 상한 이후에도 평균기준소득월액은 지속적으로 증가하며, 이는 연금액의 지속적인 상승으로 이어집니다.

정리하자면, 재직기간은 연금액 계산에서 그 자체가 하나의 변수로 작용합니다. 또한, 이행률을 결정짓고, 퇴직 직전까지 기준소득월액이 증가함에 따라 평균기준소득월액 산정에도 긍정적인 영향을 미칩니다. 이로 인해 연금액은 이행률의 상한인 32년까지 가장 크게 상승하고, 재직기간 상한까지 서서히 상승하며, 상한 이후에도 조금씩 상승하게 됩니다.

(4) 소득재분배 평균기준소득월액, 지급률

2기간(2010년 1월 1일 이후부터 2015년 12월 31일까지)와 3기간(2016년 1월 1일 이후) 사이에서 주목할 만한 차이점으로, 소득재분배를 위한 평균기준소득월액의 적용과 지급률의 점진적 감소가 있습니다.

소득재분배를 목적으로 도입된 평균기준소득월액은 공직 세대 간의 형평성을 제고한 조치로, 개인의 평균기준소득월액이 전체 공무원의 평균기준소득월액에 비해 낮을 경우, 더 높은 금액을 받을 수 있도록 조정해주고, 반대의 경우에는 더 적은 금액을 받도록 조정하는 역할을 합니다. 이러한 소득재분배의 적용 비율은 다음과 같습니다.

(b)값 / (a)값 - 퇴직전 3년간 전체공무원 기준소득월액 평균액(a값) - 본인의 全기간 평균기준소득월액(b값)의 비율			적용 비율(%)
0.0이상	0.3미만	하위 소득자	300
0.3이상	0.4미만		216.67
0.4이상	0.5미만		175
0.5이상	0.6미만		150
0.6이상	0.7미만		133.33
0.7이상	0.8미만		121.43
0.8이상	0.9미만		112.5
0.9이상	1.0미만		105.56
1.0이상	1.1미만	중위 소득자	100
1.1이상	1.2미만	상위 소득자	95.45
1.2이상	1.3미만		91.67
1.3이상	1.4미만		88.46
1.4이상	1.5미만		85.71
1.5이상	1.6미만		83.33
1.6이상			81.25

본인의 전체 기간 평균기준소득월액(b)와 퇴직 전 3년간 전체 공무원의 기준소득월액 평균액(a)을 비교하여, b÷a 비율로 본인의 소득 수준이 전체 공무원 평균에 비해 어느 정도인지를 판단합니다. 1.0은 평균과 동일한 수준을 의미하며, 1.0보다 낮으면 평균 이하, 1.0보다 높으면 평균 이상의 소득자로 분류됩니다.

b÷a 비율에 따른 급간을 확인한 후, 해당 비율에 맞는 적용 비율을 찾

습니다. 예를 들어, 2005년 3월에 임용되어 20년간 근무 후 2025년 2월에 퇴직하는 A교사의 평균기준소득월액(b)이 4,500,000원인 경우, 퇴직 전 3년간 전체 공무원 평균기준소득월액(a)이 5,599,197원일 때, b÷a 비율은 80.36%입니다. 이에 따른 적용 비율은 112.5%이므로, A교사의 소득재분배 평균기준소득월액은 4,500,000원에 112.5%를 적용한 5,062,500원이 됩니다. ('퇴직前 3년간 전체공무원 기준소득월액 평균액'은 연금공단을 통해 확인하실 수 있습니다.)

재직기간	3기간
	2016.1.1. ~
퇴직연금	(개인 평균기준소득월액 × 이행률) × 매년 재직연수 × 매년 지급률
	(소득재분배 평균기준소득월액 × 이행률) × 매년 재직연수 × 매년 지급률

위의 표는 3기간 계산 방식입니다. 평균기준소득월액에 소득재분배 적용 비율을 곱해 얻은 결과를 소득재분배 평균기준소득월액이라 칭하며, 기존 금액은 개인 평균기준소득월액으로 명명합니다. A 교사의 종전기간 재직기간은 '4년 이상 5년 미만'이며, 이후기간 재직기간은 '15년 초과 16년 이하'입니다. 해당 기간의 이행율은 91.55%입니다. 이 비율을 각각 평균기준소득월액에 적용합니다.

개인 평균기준소득월액(4,500,000원) × 이행율(91.55%) = 4,119,750원
소득재분배 평균기준소득월액(5,062,500원) × 이행율(91.55%) = 4,634,718원

3기간의 퇴직연금은 위 평균기준소득월액에 재직 연수와 지급률을 곱

하면 됩니다. 2기간 계산 방식은 '평균기준소득월액×1.9%×재직 기간' 이었으나, 3기간 방식은 매년 재직 연수와 매년 지급률을 적용합니다. 이 변경은 연금법이 2016년에 개정되어 지급률이 1.7%로 조정되었으나, 이를 1.9%에서 점진적으로 감소되도록 설계되었기 때문입니다. 지급률은 2016년부터 2020년까지는 0.022%, 2025년까지는 0.01%씩, 2035년까지는 0.004%씩 감소하여 최종적으로 1.7%가 됩니다.

연도	지급률	연도	지급률	연도	지급률
2016년	1.878%	2021년	1.780%	2026년	1.736%
2017년	1.856%	2022년	1.770%	2027년	1.732%
2018년	1.834%	2023년	1.760%	2028년	1.728%
2019년	1.812%	2024년	1.750%	2029년	1.724%
2020년	1.790%	2025년	1.740%	2030년	1.720%
				2031년	1.716%
				2032년	1.712%
				2033년	1.708%
				2034년	1.704%
				2035년	1.700%

따라서, 앞서 계산한 이행율을 반영한 평균기준소득월액에 각 연도의 지급률을 적용해야 합니다. 이때, 지급률 중 1%는 소득재분배 금액에, 나머지는 개인 금액에 적용해야 합니다.

2기간과 3기간의 계산 결과는 다음과 같습니다.

기간	지급률 적용기간		지급률	개인 평균기준소득월액	소득재분배 평균기준소득월액
				4,119,750원	4,634,718원
2기간	2010.1.1.~2015.12.31.	6년	1.9%	4,119,750원×6년×1.900%	-
3기간	2016.1.1.~2016.12.31.	1년	1.878%	4,119,750원×1년×0.878%	4,634,718원×1년×1%
	2017.1.1.~2017.12.31.	1년	1.856%	4,119,750원×1년×0.856%	4,634,718원×1년×1%
	2018.1.1.~2018.12.31.	1년	1.834%	4,119,750원×1년×0.834%	4,634,718원×1년×1%
	2019.1.1.~2019.12.31.	1년	1.812%	4,119,750원×1년×0.812%	4,634,718원×1년×1%
	2020.1.1.~2020.12.31.	1년	1.790%	4,119,750원×1년×0.790%	4,634,718원×1년×1%
	2021.1.1.~2021.12.31.	1년	1.780%	4,119,750원×1년×0.780%	4,634,718원×1년×1%
	2022.1.1.~2022.12.31.	1년	1.770%	4,119,750원×1년×0.770%	4,634,718원×1년×1%
	2023.1.1.~2023.12.31.	1년	1.760%	4,119,750원×1년×0.760%	4,634,718원×1년×1%
	2024.1.1.~2024.12.31	1년	1.750%	4,119,750원×1년×0.750%	4,634,718원×1년×1%
	2025.1.1.~2025.2.28	2개월	1.740%	4,119,750원×(2/12)×0.740%	4,634,718원×(2/12)×1%
합계				772,590원	424,849원
총계				1,197,439원	

A 선생님의 2, 3기간 연금액은 1,197,439원입니다. 이 금액에 1기간 연금액을 더하면 A 선생님의 예상 퇴직연금 수령액이 됩니다.

소득재분배의 경우, 30년을 초과하는 재직기간에 대해서는 적용되지 않습니다. 예컨대, 총 근무 경력이 36년이며, 그 중 1기간이 10년, 2기간이 6년, 3기간이 20년일 경우, 총 근무 경력 30년이 될 때까지는 소득재분배가 적용되고, 30년을 초과하는 마지막 6년 동안은 소득재분배 없이 개인 평균기준소득월액에 전체 지급률을 곱한 금액을 수령하게 됩니다.

또한, 소득재분배는 하위 소득자를 위해 적용됩니다. 즉, 하위 소득자는 개인의 평균기준소득월액만으로 연금액을 산정할 때보다 더 많은 금액을 받을 수 있게 되었습니다. 그러나, 이러한 혜택은 연금법 개정에 따라 개정 이전에 비해 더 높은 연금액을 받을 수 없도록 제한되어 있습니다. 즉, 앞에서 언급한 방식으로 계산된 금액과 연금법 개정이 없었다고 가정하여, 전 기간 동안의 개인 평균기준소득월액에 1.9%를 적용한 금액을 비교하여 더 낮은 금액으로 연금 수령액이 결정됩니다.

즉, 이 사례에서 2010년 1월 1일부터 2025년 2월 28일까지 총 15년 2개월 동안 개인 평균기준소득월액 4,119,750원에 지급률 1.9%를 적용하면 1,187,174원이 계산됩니다. 연금법 개정으로 인해 계산된 금액이 1,197,439원이므로, 두 금액 중 더 작은 금액인 1,187,174원이 최종적인 2, 3기간의 연금 수령액이 됩니다.

7장

2층 연금!
퇴직수당연금 계산법과 활용법

- 퇴직수당 '연금' 이란?
- 최적화 전략: 교직원공제회 활용하기
- 깊이 알아보기 정확한 퇴직수당 예상액 계산법

퇴직수당 '연금'이란?

앞서 6장에서 말씀드린 퇴직연금이 개인의 기본적 노후 소득을 보장하기 위해 개인과 국가가 분담하여 재원을 만들어 지급하는 '소득보장' 항목인 것과 달리, 여기에서 설명하는 퇴직수당연금은 재직기간에 대한 근로의 대가로 지급받는 일시금의 퇴직금을 매달 연금 형태로 수령하도록 전환한 것입니다. '근로보상'의 항목이고 정부가 전액을 부담합니다. 퇴직수당 산정 방식은 다음과 같습니다.

> 퇴직수당 지급액 = 최종 기준소득월액 × 지급률 × 재직기간

이 수식과 퇴직연금 식의 가장 큰 차이는 기준소득월액을 평균하지 않고 최종 금액으로 계산한다는 점입니다.

지급률은 2010년 1월 1일을 기준으로 이전과 이후로 나누어 다음 표와

같이 구분됩니다. 1기간의 최대 지급율은 60%, 2~3기간의 최대 지급율은 39%입니다. 사기업에 종사하는 직장인의 퇴직금 지급률은 100%입니다. 이에 비하면 낮은 수치입니다.

재직기간	지급률	
	1기간 (2010년 1월 1일 이전)	2, 3기간 (2010년 1월 1일 이후)
1년 이상 5년 미만	10%	6.5%
5년 이상 10년 미만	35%	22.75%
10년 이상 15년 미만	45%	29.25%
15년 이상 20년 미만	50%	32.50%
20년 이상	60%	39%

재직기간은 퇴직연금과 달리, 임용연도와 무관하게 최대 33년까지 인정됩니다. 또한 휴직기간을 재직기간으로 인정할 것인지에 있어서 퇴직연금은 소급기여금을 납부하면 휴직을 재직기간으로 인정하지만 퇴직수당에서는 육아휴직, 병역을 위한 휴직 등 일부를 제외하고는 절반까지만 재직기간으로 인정합니다. 예를 들어 육아휴직을 3년 했다면 전체 기간이 재직기간으로 인정되지만 질병휴직 3년은 1년 6개월만 인정됩니다.

그리고 퇴직수당은 퇴직연금과 달리 10년 이상 근무해야 지급한다는 조건이 없습니다. 근로의 보상으로 지급되는 것이기 때문입니다. 1년 이상만 근무해도 수령할 수 있습니다.

104~105쪽에 있는 기준소득월액을 바탕으로 퇴직수당을 한번 계산해보겠습니다. 이는 2010년 이후 임용된 경우를 기준으로 간단히 계산한 것입니다. 2010년 이전 임용 선생님들은 133쪽 [깊이 알아보기: 정확한 퇴직수당 예상액 계산법]을 확인하시기 바랍니다.

재직기간	최종기준소득월액	지급률	퇴직수당
1	3,601,945	6.50%	234,120
2	3,626,847	6.50%	471,490
3	3,689,877	6.50%	719,520
4	3,870,417	6.50%	1,006,300
5	3,997,690	22.75%	4,547,370
6	4,168,003	22.75%	5,689,320
7	4,320,645	22.75%	6,880,620
8	4,473,424	22.75%	8,141,630
9	4,634,353	22.75%	9,488,830
10	4,796,283	29.25%	14,029,120
11	4,970,375	29.25%	15,992,180
12	5,107,168	29.25%	17,926,160
13	5,259,108	29.25%	19,997,750
14	5,409,747	29.25%	22,152,910
15	5,560,858	32.50%	27,109,180
16	5,731,733	32.50%	29,805,010
17	5,883,200	32.50%	32,504,680
18	6,041,175	32.50%	35,340,870
19	6,198,795	32.50%	38,277,550
20	6,363,633	39.00%	49,636,340
21	6,559,063	39.00%	53,718,720
22	6,724,020	39.00%	57,692,090
23	6,888,740	39.00%	61,791,990
24	7,056,182	39.00%	66,045,860
25	7,222,913	39.00%	70,423,400
26	7,410,000	39.00%	75,137,400
27	7,576,377	39.00%	79,779,240
28	7,721,098	39.00%	84,314,390
29	7,866,057	39.00%	88,965,100
30	8,011,252	39.00%	93,731,640
31	8,155,500	39.00%	98,599,990
32	8,248,155	39.00%	102,936,970
33	8,340,810	39.00%	107,346,220

또한 퇴직수당은 퇴직연금과는 달리 개시연령이 따로 없습니다. 퇴직 직후 계좌로 입금됩니다. 우리는 이 일시금을 매달 들어오는 현금 흐름으로 바꿀 수 있습니다. 이것이 퇴직수당 '연금'의 핵심입니다.

퇴직수당연금은 공단에서 직접 연금 방식으로 지급하는 것이 아니라 퇴직수당을 시중 은행의 금융상품에 가입하여 연금 방식으로 지급받도록 하는 것입니다. 예컨대 33년 근무 후 1억 원을 수령한다면 해당 금액을 은행 자유 예금에 예치한 후 매달 생활비 계좌로 일정 금액을 자동이체할 수 있습니다. 또는 보험사의 즉시연금 상품에 가입하는 것도 가능합니다. 즉 퇴직수당을 분할하여 생활비 계좌로 입금되도록 설계하면 됩니다.

퇴직수당연금의 주요 제한사항 중 하나는 구매력 하락, 즉 물가상승률을 반영하지 못할 수 있다는 점입니다. 따라서 물가상승률을 초과하는 수익률을 제공하는 금융상품에 가입해야 합니다.

최적화 전략:
교직원공제회 활용하기

그렇다면 물가상승률을 초과하는 수익률을 제공하는 금융상품에 어떤 것이 있을까요? 저의 추천 상품은 교직원공제회가 제공하는 '퇴직생활급여(확정연금형)'입니다.

교직원공제회의 이율은 시중 은행의 정기예금 금리 및 한국은행의 기준금리와 연계되어 결정된다고 앞서도 말씀드린 바 있습니다. 물가상승률 및 시장 동향에 따라 이 금리들이 변동되므로, 교직원공제회의 상품 수익률 역시 물가상승률에 따라 변동됩니다.

다음 표는 2012년부터 2025년까지의 물가상승률과 교직원공제회의 이율을 보여 주고 있습니다. 대체로 물가상승률을 상회하는 이율을 유지해 왔습니다. 이처럼 교직원공제회의 금융상품은 퇴직수당의 구매력을 물가상승으로부터 보호할 수 있는 효과적인 수단입니다.

따라서 퇴직수당을 연금으로 전환하실 때는 다른 금융상품들보다 교

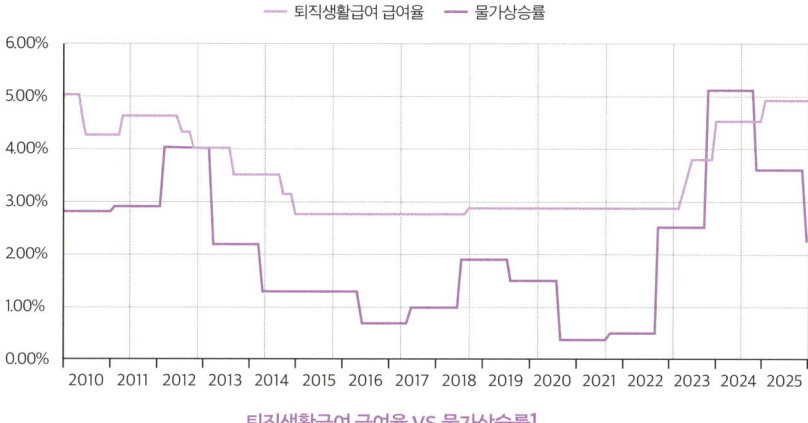

퇴직생활급여 급여율 VS 물가상승률[1]

직원공제회의 '퇴직생활급여(확정연금형)' 상품을 우선적으로 고려해 보시기를 권합니다. 해당 상품은 500만 원 단위로 가입 가능하며 5, 10, 15, 20년 등의 기간을 선택해 매월 또는 매년 원금과 이자를 수령할 수 있습니다.

2025년 1월 18일, 이율 4.90%를 기준으로 매달 수령 가능한 금액을 계산해 보니 다음 표와 같습니다(만 원 미만 절사). 이율은 조회 시점에 따라 달라질 수 있기 때문에 대략적인 금액으로 제시됩니다[2].

---

1 교직원공제회 질의답변 결과와 통계청 국가통계포털의 소비자물가지수 자료를 바탕으로 작성. 물가상승률은 소비자물가지수의 전년도 12월 결과를 당해년도에 표시했다. 예를 들어, 2022년 12월 발표된 5.10%를 2023년 1~12월에 표시하여 물가상승률에 대비하여 교직원공제회의 이율이 어떻게 변하였는지를 살폈다.

2 확인처: 한국교직원공제회 홈페이지 > 금융상품 > 저축 > 퇴직생활급여 > 예상금액 조회 > 확정연금형
https://www.ktcu.or.kr/PPW-FIA-400101

연금 기간 퇴직수당	5년	10년	15년	20년
7,000만 원	1,310,000	730,000	540,000	450,000
8,000만 원	1,500,000	840,000	620,000	520,000
9,000만 원	1,690,000	940,000	700,000	580,000
1억 원	1,880,000	1,050,000	780,000	650,000

여기서 5년처럼 짧은 기간은 문제가 없지만 10년 이상의 기간처럼 다소 긴 기간에 나누어 받으려면 물가상승률을 좀 더 확실하게 고려하면서 연금을 사용하는 게 좋을 것입니다. 원금에서 발생하는 이자가 물가상승률을 방어할 수 있는지를 간편히 관리하고 따져볼 수 있으면 좋습니다. 어떻게 하면 좋을까요?

퇴직수당 원금과 이자를 따로 관리할 수 있으면 좋습니다. 다음 표는 퇴직수당 원금만을 기간에 따라 나눈 것입니다.(만 원 미만 절사) 자동이체를 통해 이 금액만 생활비 통장으로 들어오게 하고 나머지 이자 부분은 다른 금융상품에 가입하는 것이 좋습니다. 이후 화폐가치에 따라 해당 상품에서 생활비 통장으로 추가 이체를 하여 사용하면 됩니다.

예를 들어, 퇴직수당 1억 원으로 10년 간 매달 83만 원씩을 나누어 쓰겠다고 계획하였습니다. 이 1억 원을 교직원공제회 상품에 가입하면 매달 105만 원씩을 받게 됩니다. 그러면 A통장에는 원금인 83만 원을 입금하고, 이자인 나머지 22만 원을 B통장에 입금합니다. 물가상승률이 2%라고 하면, 내년에는 84만 6천 원이 있어야 동일한 구매력을 유지할 수 있습니다. 그럼 이때에는 105만 원 중 84만 6천 원을 A통장에 입금하고 나머지 20만 4천 원을 B통장에 입금되도록 세팅을 합니다. 이후 긴 기간이 지나고, 물가상승률이 크게 솟아 필요한 돈이 110만 원이 되었다고 합시다.(최근 25년간의 평균 소비자물가상승률 2.49%로 계산하면, 11년 뒤입니다.) 이때부터는 105만 원 전체를 A통장에 입금해야 하고, 그간 이자를 모아놨던 B통장에서 5만 원을 A통장으로 추가 이체를 해야 합니다. 이와 같은 방식으로 A통장에는 매달 83만 원의 구매력이 유지되는 현금이 이체되게 됩니다.

단 퇴직수당연금은 퇴직 시기와 연금지급 개시연령에 따라 개인별로 최적화 전략이 달라질 수 있습니다.

연금 기간 퇴직수당	5년	10년	15년	20년
7,000만 원	1,160,000	580,000	380,000	290,000
8,000만 원	1,330,000	660,000	440,000	330,000
9,000만 원	1,500,000	750,000	500,000	370,000
1억 원	1,660,000	830,000	550,000	410,000

Q 교직원공제회 급여율(이자율)이 중간에 변하는 경우는 어떻게 되나요?

A 해당 상품 가입 중 급여율 변동 시 변동시점 이후부터 발생하는 부가금은 변동된 급여율로 적용됩니다. 앞서 말씀드렸듯이 대부분의 시기상 급여율이 물가상승률보다 높은 수준을 유지합니다. 그렇기 때문에, 급여율이 작아져 이자가 적어졌다면 적어진대로, 급여율이 커져 이자가 많아졌다면 많아진대로 이자를 담아놓는 통장에 저축하시면 물가상승률에 대비하실 수 있습니다.

Q 해당 상품을 중도에 해지할 수도 있나요?

A 가능합니다. 다만, 주의하실 사항이 있습니다. 해당 상품은 원리금균등분할 지급방식입니다. 예를 들어, 1억 1,500만 원을 20년간 매월 지급받게 설계를 했을 경우, 매월 747,900원을 지급받게 됩니다. 최초 1회 지급 때에는 이 중 원금이 742,900원이고 이자가 5,000원입니다. 마지막 지급 때에는 원금이 286,500원이고 이자가 461,400원입니다. 즉, 가입후 초기에는 원금의 비중이 크고, 가입 후기에는 이자의 비중이 커집니다. 그렇기 때문에 중도에 해지할 경우, 초기에 해지할 경우 원금의 손실이 생각보다 클 수 있음을 인지하시고 해지를 고려하셔야 합니다.

혹시 중도에 해지할 상황을 염두에 두고 상품에 가입하실 경우, 퇴직수당 중 일부분을 상품에 가입하시고 나머지는 가지고 계시는 것도 좋은 선택입니다.

깊이 알아보기

정확한 퇴직수당 예상액 계산법

(1) 퇴직수당 계산식 좀 더 알기

최종보수월액이란 2009년 1월 1일부터 2009년 12월 31일까지의 보수월액을 의미하고 최종기준소득월액은 퇴직 시의 기준소득월액을 말합니다. 정밀한 퇴직수당을 계산하기 위해서는 108쪽 [깊이 알아보기]에서도 설명했던 기준소득월액을 사용해야 합니다. 아래 표는 2025년 3월 임용자에게 적용되는 기준소득월액입니다.

기준소득월액 적용 기간	기준소득월액
2025년 3월~ 2025년 4월	2023년 9호봉 × 2024,2025년 공무원보수인상률
2025년 5월~ 2026년 4월	2023년 9호봉 × 2024,2025년 공무원보수인상률
2026년 5월~ 2027년 4월	2023년 9호봉 × 2024,2025년 공무원보수인상률
2027년 5월~ 2028년 4월	2024년 9~10호봉 × 2025년 공무원보수인상률
2028년 5월~ 2029년 4월	2024년 10~11호봉 × 2025년 공무원보수인상률
...	
2063년 5월 ~ 2064년 4월	2024년 근속가봉 5~6호봉 × 2025년 공무원보수인상률
2064년 5월 ~ 2065년12월	2024년 근속가봉 6~7호봉 × 2025년 공무원보수인상률
2065년 1월 ~ 2065년 2월	2024년 근속가봉 7호봉 × 2025년 공무원보수인상률

여기에 지급률과 재직기간을 곱하면 퇴직수당 수령액이 나옵니다. 재직기간에 따른 지급률은 다음 표를 참고해 주시기 바랍니다.

[1기간] 퇴직수당 수령액 = 최종 보수월액 × 지급률 × 재직기간
[2, 3기간] 퇴직수당 수령액 = 최종 기준소득월액 × 지급률 × 재직기간

재직기간	지급률	
	1기간 (2010년 1월 1일 이전)	2, 3기간 (2010년 1월 1일 이후)
1년 이상 5년 미만	10%	6.5%
5년 이상 10년 미만	35%	22.75%
10년 이상 15년 미만	45%	29.25%
15년 이상 20년 미만	50%	32.50%
20년 이상	60%	39%

퇴직수당 계산식의 '재직기간'에는 최대 33년까지 넣을 수 있습니다. 그런데 재직기간이 33년을 초과하는 경우, 퇴직수당 계산식에서 최종기준소득월액이 증가합니다. 앞서 보여 드린 간략한 계산 방식에서는 대입 가능한 재직기간 최대값에 맞춰 최종기준소득월액을 33년까지만 따져보았지만 실제로 재직기간이 33년을 초과하는 경우에는 재직기간이 아닌 다른 항에서 해당 기간이 반영된다고 볼 수 있습니다. 예를 들어, 아래와 같이 적용이 됩니다.

최종기준소득월액과 재직기간의 적용 차이 예시			
조건	최종기준소득월액 779만 원 재직기간 30년	최종기준소득월액 811만 원 재직기간 33년	최종기준소득월액 838만 원 재직기간 36년
퇴직수당	779만 원×39%×30년	811만 원×39%×33년	838만 원×39%×33년

표에서 '지급률'을 찾아 적용할 때 유의할 점이 있습니다. 예를 들어 1기간 동안 10년 10개월 근무하고, 2-3기간 동안 9년 2개월 근무 후 퇴직했다면 1기간에서 10년 이상 15년 미만인 45%, 2, 3기간에서는 5년 이상

10년 미만인 22.75%의 지급률을 적용해야 하는 게 아닙니다. 10년 10개월과 9년 2개월을 합쳐 총 20년이 되므로, 1기간에서는 60%, 2-3기간에서는 39%의 지급률을 적용해야 합니다. 즉 퇴직수당을 계산할 때 1기간과 2-3기간의 재직기간으로 나누어 계산하지만, 지급률은 총 재직기간에 따라 적용합니다.

마지막으로, 퇴직수당의 재직기간은 퇴직연금과 달리 휴직기간의 인정 범위가 다릅니다. 퇴직연금은 모든 휴직기간을 재직기간으로 인정하지만 퇴직수당은 휴직기간의 절반을 감축합니다. 그러나 아래에 언급된 특정 휴직기간은 감축 없이 전체 기간이 재직기간으로 인정됩니다.

> **공무원연금법 제25조 제5항**
> 1. 공무상 부상 또는 질병으로 인한 휴직
> 2. 「병역법」에 따른 병역복무를 마치기 위한 휴직
> 3. 국제기구, 외국기관, 재외교육기관(「재외국민의 교육지원 등에 관한 법률」 제2조 제2호의 재외교육기관을 말한다), 국내외의 대학·연구기관, 다른 국가기관 또는 민간기업, 그 밖의 기관에 임시 채용됨에 따른 휴직
> 4. 「교원의 노동조합 설립 및 운영 등에 관한 법률」 제5조에 따라 노동조합 전임자로 종사하기 위한 휴직
> 5. 자녀의 양육 또는 여성공무원의 임신이나 출산으로 인한 휴직
> 6. 그 밖의 법률에 따른 의무를 수행하기 위한 휴직

(2) 사례 적용하기

■ **사례**
- **생년월일**: 1976년 11월 1일
- **임용일**: 1999년 3월 1일
- **퇴직일**: 2034년 2월 28일
- 2005년 1급 정교사 자격 취득
- **재직기간**: 총 35년 [1기간(10년 10개월), 2기간(6년), 3기간(18년 2개월)]

▼ 실제 A교사 조회 결과: 퇴직급여 계산액

적용보수

2009.12.31.이전기간 〈Ⅰ기간〉			2010.1.1.이후기간 〈Ⅱ·Ⅲ기간〉			
					연금	
일시금	퇴직수당	연금	일시금	퇴직수당	개인 평균 기준소득월액	2016년이후 소득재분배 반영 평균 기준소득월액
	2,879,535					

퇴직급여 계산액

퇴직연금	퇴직연금	연금월액			
		과세합계			
		실지급액			
	퇴직수당	퇴직수당	18,716,970		
		과세합계			
		실지급액			
	특례				

    1기간의 퇴직수당이 18,716,970원임을 공단 자료 〈퇴직급여 계산액〉 섹션의 '퇴직수당'에서 확인하실 수 있습니다. 따라서 굳이 1기간을 계산할 필요 없이, 공단 홈페이지의 자료로 확인하시면 됩니다.

    〈적용보수〉 섹션에서 〈Ⅰ기간〉의 최종보수월액인 2,879,535원을 이용하여 직접 계산해 보면, 총 재직기간은 35년이므로, 지급률은 60%로 산정됩니다. 1기간의 재직기간이 10년 10개월이므로, 1기간의 퇴직수당은 아래와 같이 계산됩니다.

> 1기간 퇴직수당 = 2,879,535 × 60% × (10 + 10/12) = 18,716,970원

2기간의 퇴직수당을 계산하기 위해서는 퇴직하고자 하는 연도의 최종기준소득월액을 확인해야 합니다. 퇴직 직전의 최종기준소득월액을 8,217,890원으로 가정하겠습니다. 총 재직기간이 35년이므로 지급률은 39%입니다. 단 2, 3기간의 재직기간이 24년 2개월이지만 총 33년을 초과할 수 없으므로 퇴직수당 산정 시에는 2년을 제외한 22년 2개월까지만 고려됩니다. 2, 3기간의 퇴직수당은 아래와 같이 계산됩니다.

> 2, 3기간 퇴직수당 = 8,137,600 × 39% × (22년 + 2/12년) = 70,349,550원

최종 퇴직수당은 1기간과 2, 3기간 퇴직수당을 합한 금액으로 아래와 같습니다.

> 퇴직수당 = 18,716,970 + 70,349,550 = 89,066,520원

그런데 만약 임용일이 2010년 3월 1일인 교사가 35년 근무 후 퇴직하였다면, 1기간이 없으므로 다음과 같이 2, 3기간 계산식으로만 산정됩니다.

> 퇴직수당 = 8,137,600 × 39% × 33 = 104,730,910원

 임용일이 빠른 교사의 퇴직수당이 더 낮은 결과값에 다소 의아하실 수 있겠습니다. 이는 1기간과 2, 3기간 각 수식의 첫 번째항이 다르기 때문입니다. 2010년 이전인 1기간의 보수월액 개념에 비해 이후 기준소득월액에는 수당 등이 더 포함되어 있어서 금액이 더 크게 계산됩니다. 그렇기 때문에, 온전히 기준소득월액으로만 퇴직수당을 산정하는 교사들에 비해 2010년 이전 근무기간이 있는 교사들의 퇴직수당이 더 낮게 나타나는 것입니다.

8장

3층 연금!
개인연금 준비하기

- 교원의 개인연금
- 우선 이용하자! 교직원공제회 장기저축급여
- 연금계좌 살펴보기: 연금저축 & IRP
- 연금계좌 세금 혜택과 올바른 사용법
- 교직원공제회와 연금저축의 설계

교원의 개인연금

개인연금에 대해 살펴봅시다. 퇴직연금, 퇴직수당은 국가로부터 지원을 받는 연금이지만 개인연금은 자비로 조성하는 연금입니다. 개인연금의 의미를 확장하여 넓게 말씀드리자면, 은퇴 직후 예금통장에 1억 원을 두고 생활비 통장으로 매달 100만 원씩 자동이체를 하는 경우도 일종의 개인연금을 조성해 두었다고 말할 수 있겠습니다. 다만 이렇게 관리한다면 개인 자금을 그대로 묵혀 두기만 하는 것이니 비효율적인 관리라고 할 수 있겠지요. 금융기관에는 개인자금을 보다 효율적으로 활용하고 연금화해 주는 다양한 상품들이 있습니다. 보통 '개인연금에 가입했다', '개인연금을 가지고 있다'라는 표현을 쓸 때 개인연금은 이러한 상품들을 의미합니다.

퇴직연금과 퇴직수당은 법으로 그 운영 목적과 방식, 내용 및 한계가 모두 정해져 있기 때문에 운용의 폭이 넓지 못합니다. 하지만 개인연금

상품은 시장에 정말 다양하게 나와 있습니다. 시장에 있는 다양한 상품들을 기준에 따라 분류하고 자신의 필요와 상황에 맞는 것을 선택해야 합니다.

그런데 개인연금 조성을 원하는 교원에게는 한 가지 좋은 선택지가 더 있습니다. 바로 교직원공제회를 이용하는 방법입니다. 교직원공제회 상품을 이용하고, 여기에 일반 금융상품을 추가하여 이용하면 좋습니다.

여기에서는 우선 교직원공제회 상품으로 개인연금 조성하는 법을 안내하고 일반 개인연금 상품들을 설명해 드리도록 하겠습니다.

우선 이용하자! 교직원공제회 장기저축급여

개인연금을 위해 사용할 수 있는 교직원공제회 금융상품이 있습니다. ① 장기저축급여 퇴직급여금(이하, 장기저축급여), ② 장기저축급여 분할급여금 입니다. 이 두 가지 상품을 함께 이용해야 합니다.

장기저축급여는 교직원공제회 금융상품 중 핵심 상품으로 고이율 저율과세 저축상품입니다. 교직원공제회 금융상품은 종류가 다양한데 개인연금을 설정하기 위해서는 이 장기저축급여 상품을 이용하면 됩니다.

장기저축급여는 회원의 복지를 위한 상품이기 때문에 일반 금융기관보다 유리한 특징이 많습니다. 운용보수, 사업비, 수수료 등의 비용이 일절 부과되지 않습니다. 장기저축급여에서는 이자율을 '급여율'이라고 부릅니다.

이 퇴직급여율은 2019년 9월 1일 이전과 이후를 기점으로 방식이 '연배율제'에서 '이자율제'로 변경되었습니다. 기존의 연배율제 방식은 재직

기간에 따라서 급여율(이하, 이자율)에 차등을 두는 방식인데, 같은 이자율이라 할지라도 재직 기간에 따라 연 단위 계단식 상승을 둡니다. 이자율이 4.6%라고 했을 때, 1년 미만 가입자는 2.36%, 1년 이상은 2.59%, 2년 이상은 2.81%로 점점 상승하다가 25년 이상부터 4.6%를 적용받는 방식입니다. 현재 이 방식을 사용하지 않는 것은 아니며, 2019년 8월 31일까지의 납입 금액에 한하여 계속 적용되고 있습니다. 지금의 이자율제 방식은 시중 금융기관의 적금상품과 동일한 방식으로 재직 기간별 차등이 없습니다. 2019년 9월 1일부터의 납입 금액에 한하여 적용되고 있습니다.

장기저축급여의 장점은 여럿 있지만 그중 '특별가산금'을 강조하고자 합니다. 장기저축급여는 퇴직 시 퇴직급여금이라는 이름으로 자금을 돌려주는데, 이는 정산급여금(연배율제가 적용된 급여금), 일반급여금(이자율제가 적용된 급여금), 그리고 특별가산금의 합으로 구성됩니다. 특별가산금이 무엇인지, 공제회 정관을 살펴보겠습니다. 공제회 정관은 교직원공제회 홈페이지에서 확인하실 수 있습니다.

■ 교직원공제회 정관

제43조(퇴직급여금)

② 퇴직급여금은 납입한 부담금에 퇴직급여율을 적용하여 지급한다. 다만, 한국은행에서 공시하는 예금은행의 신규취급액 기준 저축성 수신금리(이하 "저축성 수신금리"라 한다)가 변동하여 퇴직급여율을 상회했을 때에는 저축성 수신금리와 퇴직급여율의 차이에 해당하는 금액을 특별가산금으로 가산지급한다.

즉, 장기저축급여의 이자율이 일반 시중은행의 예금이율보다 낮을 경우, 그 차액을 보전해 주며 이를 특별가산금이라 부른다는 것입니다. 장기저축급여의 이자율이 대체로는 시중은행의 예금이율보다 높게 책정되나, 낮아지는 경우가 발생할 가능성이 있습니다. 실제로 2022년 10월부터 2023년 1월까지의 4개월 동안 이러한 상황이 발생했습니다. 이런 경우 특별가산금이 발생하여 퇴직급여금에 가산되어 지급됩니다. 이 특별가산금 규정으로 인해 교직원공제회 장기저축급여의 이율이 시중은행의 예금이율보다 낮을 경우에 대한 걱정을 할 필요가 없습니다.

장기저축급여에서 주의해야 할 것으로는 탈퇴급여금이 있습니다. 퇴직 이외의 사유로 해당 급여금을 청구하거나, 6개월 이상 계속하여 부담금을 미납했을 경우, 퇴직급여금 대신 이 탈퇴급여금을 받게 됩니다. 시중은행의 예적금도 중도해지하면 낮은 중도해지이율만 적용받아 원금과 큰 차이 없는 금액만을 받게 되는데 탈퇴급여금도 마찬가지입니다. 가입기간별 탈퇴급여금은 아래와 같습니다.

가입 기간	탈퇴급여금
5년 미만	부담원금100% + 부가금(이자)의 40%
5년 이상 ~ 10년 미만	부담원금100% + 부가금(이자)의 50%
10년 이상 ~ 15년 미만	부담원금100% + 부가금(이자)의 60%
15년 이상 ~ 20년 미만	부담원금100% + 부가금(이자)의 70%
20년 이상	퇴직급여금 전액 지급

원금은 100% 반환되지만 이자는 적은 수준으로 지급됩니다. 20년 이상 가입되어 있었다면 이자를 전액 받게 됩니다. 하지만 장기저축급여가

20년 이상 되어야만 약속된 이자를 받을 수 있다는 의미가 아니라, 퇴직 외의 사유로 중도해지를 하는 경우에도 20년 이상 가입되어 있다면 이자를 전액 지급 받는다는 의미입니다. 퇴직으로 인한 해지의 경우에는 가입 기간에 관계없이 약속된 이자를 전액 지급받습니다. 따라서 계획하시는 퇴직 시점까지 20년이 남지 않은 경우에도 해당 상품의 이자율을 그대로 고려하시면 됩니다.

또한 증좌(증액) 하는 경우에도 처음 가입했을 때를 기준으로 계산됩니다. 그렇기 때문에 신규 선생님들께서는 임용 즉시 최소 금액인 3만 원이라도 가입해 놓은 뒤 여유가 될 때 금액을 증좌하면 해당 가입기간을 빠르게 채워 가실 수 있습니다.

원래 장기저축급여는 퇴직 시에 원금과 이자를 일시금으로 수령하게 됩니다. 하지만 우리는 이를 퇴직 후 매달 발생할 현금 흐름으로 전환하여 연금 형태로 수령하기를 원합니다. 이렇게 일시금을 연금화하기 위해서는 '장기저축급여 분할급여금' 상품에 가입하면 됩니다.

분할급여금은 오직 퇴직 시 수령한 장기저축급여 퇴직급여금 총액 내에서만 가입 가능한 상품입니다. 이 상품도 매달 연금을 지급하면서, 남은 원금에 대해 발생된 이자도 지급합니다. 또한 이 소득에 대한 이자는 또한 장기저축급여 퇴직급여금과 마찬가지로 저율로 과세되고 금융소득 종합과세에서 제외됩니다.

결론적으로 개인연금 조성을 원하는 교원이라면 재직 중에 교직원공제회 장기저축급여 퇴직급여금 상품에 가입한 뒤, 퇴직 시 이 상품의 해지로 수령받는 퇴직급여금으로 교직원공제회 장기저축급여 분할급여금 상품에 가입하여 매달 연금 형태로 금액을 받으면 됩니다.

연금계좌 살펴보기
: 연금저축 & IRP

베이비붐 세대가 점차 은퇴하고 있습니다. 그러나 이들 중 얼마나 많은 분들이 노후를 철저히 준비하셨을까요? 국민 대다수가 노후 대비책으로 국민연금과 기초연금만을 의지하고 있다는 사실이 알려져 있습니다. 이러한 상황이 지속될 경우, 사회적으로 노인 빈곤의 문제가 발생할 것이고 이를 해결하기 위한 사회적 비용이 증가할 것입니다. 이런 상황에서 정부가 마주하고 있는 부담은 작지 않을 것입니다. 이 문제를 해결하기 위해 정부는 국민 스스로가 자신의 노후를 준비하도록 유도합니다. 즉, 국민이 '개인연금'을 충분히 준비하도록 하는 것입니다. 이때 사용되는 유인책이 바로 세금 혜택(정확히 말하자면, 세액공제 여부)입니다. 이 방법으로 국가는 재정 지출을 증가시키지 않으면서 국민이 스스로 노후 대비를 할 수 있도록 하고 있습니다. 이러한 의도로 시행되고 있는 정책이 바로 '연금계좌'입니다.

세액공제를 받을 수 있는 '연금계좌'에 관해서는 소득세법과 그 시행령에서 규율하고 있습니다. 해당 법령에 따른 연금계좌는 아래 표와 같이 크게 2가지, 세부적으로 7가지로 분류가 됩니다.

■ **연금계좌**(소득세법 시행령 제40조2)
① **연금저축계좌(실무적으로는, '연금저축'이라고 함)**
    ⓐ 연금저축신탁 (은행)
    ⓑ 연금저축펀드 (증권사)
    ⓒ 연금저축보험 (보험사)

② **퇴직연금계좌**
    ⓐ DC (확정기여형퇴직연금)
    ⓑ IRP (개인형퇴직연금)
    ⓒ 중소기업퇴직연금
    ⓓ 과학기술공제회법에 따른 계좌

먼저, 연금계좌는 크게 ① 연금저축계좌와 ② 퇴직연금계좌로 구분됩니다. 이 중 개인 자금으로 가입할 수 있는 상품이 ① 연금저축계좌이고, 회사에서 퇴직연금으로서 가입하는 상품이 ② 퇴직연금계좌입니다. 즉, 3층 연금제도의 분류 기준 상으로는 회사에서 전액부담하는 상품인 ② 퇴직연금계좌는 2층 연금인 퇴직연금에 해당되고, 개인자금으로 가입하는 상품인 ① 연금저축계좌 (실무적으로는 연금저축이라 합니다. 이하, 연금저축)는 3층 연금인 개인연금에 해당이 됩니다. 또한, 연금저축신탁은 판매가 중지되었기에, 연금저축 중 현재 가입 가능한 상품은 연금저축펀드와 연금저축보험 두 가지입니다.

　그럼 앞의 상품 중에서 가입 가능한 상품이 연금저축펀드와 연금저축보험만 있느냐라고 물어보신다면, 그렇지 않습니다. ② 퇴직연금계좌 중 ⓑ IRP(개인형퇴직연금) 또한 가입이 가능합니다. 원래, IRP는 사업자가 근로자를 위해 설정하는 퇴직연금입니다. 즉, 회사가 퇴직연금계좌에 부담금을 납입합니다. 그런데, 근로자가 퇴직하거나 이직 시에 일시금으로서 퇴직금을 받았는데, 이를 퇴직연금으로서 운용하고자 하는 경우, 개인이 퇴직연금계좌에 퇴직금을 납입할 수 있습니다. 실무적으로 전자인 IRP를 기업형IRP라고 부르며, 후자인 IRP를 개인형IRP라고 부릅니다. 그런데, 이 개인형IRP에는 퇴직금뿐 아니라, 그 외의 개인자금 또한 납입할 수 있으며, 근로자 외에도 자영업자 등 안정적인 노후소득 확보가 필요한 사람들 또한 개인형IRP에 개인자금을 납입할 수 있습니다. 교사는 '자영업자 등'에 포함되는 사람으로서 개인형IRP를 이용할 수 있습니다.

> ■ **근로자퇴직급여 보장법 시행령 제17조**(개인형퇴직연금제도의 설정 대상)
> 법 제24조 제2항 제3호에서 "자영업자 등 안정적인 노후소득 확보가 필요한 사람으로서 대통령령으로 정하는 사람"이란 다음 각 호의 사람을 말한다.
> 　4. 「공무원연금법」의 적용을 받는 공무원
> 　6. 「사립학교교직원 연금법」의 적용을 받는 교직원

　정리하면, 연금계좌 중에서 자격이 해당되지 않거나, 판매가 중지된 것을 제외하고 우리가 가입할 수 있는 상품은 다음과 같습니다. 또한, 연금

계좌는 연간 1,800만 원까지 납입할 수 있습니다.

> ■ **연금계좌**(소득세법 시행령 제40조2)
> ① **연금저축계좌**(실무적으로는, '연금저축'이라고 함)
>   ⓑ 연금저축펀드(증권사)
>   ⓒ 연금저축보험(보험사)
>
> ② **퇴직연금계좌**
>   ⓑ IRP(개인형퇴직연금)

연금계좌 세금 혜택과
올바른 사용법

다양한 연금형 상품들 가운데 우리가 '연금계좌'를 가장 우선적으로 고려해야 하는 이유는 세액공제 혜택 때문이라고 앞서 말씀드렸습니다. 그럼 몇 가지 사례를 통해서 세액공제 금액의 크기를 가늠해 보겠습니다.

연금계좌의 세액공제는 소득세법 제59조의3(연금계좌세액공제)에서 규율하고 있습니다. 해당 내용을 간단히 정리한 다음 표에 따라 계산을 해 보시기 바랍니다. 세액공제는 버는 돈의 크기에 따라 납입한도와 공제율이 달라집니다. 만약 월급만 받는 경우라면 총 급여액을 확인해야 하고, 몇몇 다른 소득이 있는 경우에는 괄호 안의 종합소득금액을 기준으로 확인해야 합니다.

총 급여액 (종합소득금액)		세액공제 대상 납입한도 (연금저축 납입한도)	세액 공제율 (지방세 포함)
5,500만 원 (4,500만 원)	이하	900만 원 (600만 원)	15% (16.5%)
	초과		12% (13.2%)

연금계좌의 세액공제[1]

[사례 1] **연봉이 5,000만 원인 경우**

납입한도가 연금저축은 600만 원, IRP 포함 900만 원까지이며, 공제율은 15%(지방세 포함 16.5%)입니다.

[사례 2] **연봉이 6,500만 원인 경우**

납입한도가 연금저축은 600만 원, IRP 포함 900만 원까지이며, 공제율은 12%(지방세 포함 13.2%)입니다.

    연금저축 납입한도 600만 원은 연금저축계좌(연금저축펀드/연금저축보험)의 납입액을, 900만 원은 연금계좌(연금저축계좌+IRP)의 납입액을 의미합니다. 이 한도 내로 납입했다면 납입액에 공제율을 곱한 만큼 세액공제 혜택을 받게 됩니다. 이를 사례로 들어 설명해보겠습니다. 공제율은 일괄로 16.5%를 적용하겠습니다.

---

1   소득세법 제59조의3(연금계좌의 세액공제)을 표로 정리하였다.

세액공제 크기 계산하기

[사례 1] 연금저축펀드 600만 원, IRP 300만 원으로 총 900만 원 납입한 경우

➡ 연금저축펀드 600만 원 전액 인정, IRP 300만 원으로 총 900만 원 인정
➡ 900만 원 × 16.5% = 148만 5천 원 세액공제

[사례 2] 연금저축펀드 700만 원, IRP 300만 원으로 총 1,000만 원 납입한 경우

➡ 연금저축펀드 700만 원 중 600만 원만 인정, IRP 300만 원으로 총 900만 원 인정
➡ 900만 원 × 16.5% = 148만 5천 원 세액공제

[사례 3] 연금저축펀드 700만 원, IRP 600만 원으로 총 1,300만 원 납입한 경우

➡ 연금저축펀드 700만 원 중 600만 원만 인정, IRP 600만 원 중 300만 원만 인정, 총 900만 원 인정
➡ 900만 원 × 16.5% = 148만 5천 원 세액공제

[사례 4] 연금저축펀드 200만 원, IRP 300만 원으로 총 500만 원 납입한 경우

➡ 연금저축펀드 200만 원 전액 인정, IRP 300만 원 모두 인정, 총 500만 원 인정
➡ 500만 원 × 16.5% = 82만 5천 원 세액공제

[사례 5] 연금저축펀드 200만 원, IRP 800만 원으로 총 1,000만 원 납입한 경우

➡ 연금저축펀드 200만 원 전액 인정, IRP 800만 원 중 700만 원 인정, 총 900만 원 인정

➡ 900만 원 × 16.5% = 148만 5천 원 세액공제

[사례 6] 연금저축펀드 납입 없이, IRP 900만 원으로 총 900만 원 납입한 경우
➡ IRP 900만 원 모두 인정, 총 900만 원 인정
➡ 900만 원 × 16.5% = 148만 5천 원 세액공제

납입 방식에 따라 이처럼 세액공제액에 차이가 생깁니다. 납입은 당해년도 12월에 일시에 납부도 가능하니 미리 계산해 본 뒤에 세액공제를 더 받을 수 있는 방법이 있다면 12월에 납부를 진행해 두면 됩니다.

또한 납입은 1년에 1,800만 원까지 가능한데 당해연도에 세액공제를 받지 못한 금액이 있다면 추후에 세액공제 받을 수 있습니다. 예를 들어, [사례 3]의 경우 한 해 납입액 1,300만 원 중 세액공제 인정액은 900만 원으로 400만 원은 인정받지 못합니다. 이 400만 원은 그다음 해에 납입금액으로 인정받을 수 있습니다. 그해에는 500만 원을 납입하면 최대 인정금액인 900만 원으로 세액공제를 받을 수 있습니다. 이것은 소득세법 시행령 제118조의3에서 규정하고 있는 '초과납입금 전환'이라 합니다. 이 외에도 다른 소득공제 또는 세액공제가 충분하여 결정세액이 0원이 되었을 경우에, 납입금액의 전부 또는 일부를 초과납입금으로서 이월시킬 때에도 활용할 수 있습니다. 초과납입금 전환을 하고자 할 때에는 연말정산 시 연금계좌의 금액을 조정하여 신고해야 하며, 이를 연금계좌취급자(은행, 증권사, 보험사)에 전환신청해야 합니다.

세액공제액 재투자하기

실제로 연말이 되면 대부분의 금융 기관에서 연금 상품 판매에 꽤 집중합니다. 자주 강조되는 홍보 문구는 "13월의 월급을 놓치지 마세요. 연금 상품에 가입하여 '연말정산에 대비'하세요."입니다. 실제로 연말정산을 통해 환급을 받게 되면 공돈이 생긴 것처럼 느껴져서 돈을 그대로 소비해 버리는 경우가 적지 않은데 연금저축 세액공제액에 해당하는 환급금만큼은 추가적 소비로 사용해서는 안 됩니다! 다시 연금저축 납입에 사용해야 합니다. 왜 그럴까요?

연금저축은 개인이 스스로 노후에 대비할 수 있도록 공적연금 외 자금을 축적할 수 있도록 정부가 유도하기 위해 혜택으로 세액공제를 제공하는 상품이라고 앞서 말씀 드렸습니다. 즉, 해당 세액공제는 연금저축을 위한 안전마진으로 생각해야 합니다. 이 안전마진을 추가적 소비로 사용하지 말고 연금저축에 납입하는 재투자용도로 사용해야 하는 까닭은 바로, 연금소득세 때문입니다.

보통 세금은 이중과세하지 않습니다. 우리가 월급을 받고 연말정산을 하면서 우리는 근로소득에 대해 납세의무를 마쳤습니다. 이 월급으로 연금저축에 납입하였을 때 원금은 이미 세금납부를 한 상태이기 때문에 새롭게 세금을 납부할 의무는 없습니다. 물론, 추가로 발생하는 이자는 연금소득세를 납부해야합니다. 하지만 이 원금에 대해 세액공제라는 세금 혜택을 줬기 때문에, 이후에 다시 세금을 징수할 수 있는 근거가 생깁니다. 쉽게 말해 세액공제를 해줬기 때문에, 이후 원금에 대해서도 연금소득세 3.3~5.5%를 납부해야 합니다. 세액공제는 최소 13.2%이기 때문에, 이후에 연금소득세를 과세한다 하여도 최소 8.8%의 이득이 생깁니다.(실제로는 113.2%에 대한 5.5%이기 때문에 약 7%의 이득이 생깁니다.) 하지만 만약 세액공제로 발생한 환급금이 추가적 소비로 이어진다면 우리는 원금에 대해 추가적인 세금 납부의 의무만 발생하게 되는 것입니다.

예를 들어 납입 원금 100만 원에 13.2% 세액공제를 받았고 이것을 재투자했다면 납입 원금은 113만 2천 원이 됩니다. 이후에 5.5% 연금소득세로 62,260원(113만 2천 원 × 5.5%)이 과세됩니다. 원금 100만 원 외에 69,740원의 안전마진이 있다 할 수 있습니다. 하지만 환급금 13만 2천 원을 추가 소비로 사용하였다면, 이후에 5.5% 연금소득세로 55,000원(100만 원 × 5.5%)을 납부하게 되어 오히려 원금이 945,500원으로 쪼그라들게 됩니다. 그렇기 때문에 세액공제로 발생한 환급금은 전액을 재투자하거나, 최소한 이후에 납부할 연금소득세 부분만큼이라도 다시 납입을 하는 것이 좋습니다.

총 급여가 5,500만 원을 초과하는 40대 A 선생님은 노후 대비를 위해 20년 간 매년 300만 원씩 연금 저축에 납입하기로 결정했습니다. 연금 저축에 매월 25만 원을 납입하면 1년에 총 300만 원을 납입하게 되고 이에 대해 13.2%인 396,000원을 환급받게 됩니다. 이 환급금을 재투자하는 방법은 두 가지가 있습니다.

첫 번째 방법은 환급금을 연금 저축에 추가로 납부하는 전략입니다. 이 경우, 첫해에는 300만 원을 납부하고, 두 번째 해에는 300만 원에 환급받은 396,000원을 추가하여 총 339만 6천 원을 납부하게 될 것입니다. 그러면 환급액은 448,000원이 됩니다. 세 번째 해에는 300만 원에 이전 해 환급액인 448,000원이 추가되니 총 344만 8천 원을 납부하게 되고 환급액은 455,000원이 됩니다. 환급액은 일정 기간이 지나면 환급액은 증가하지 않게 되지만 이 방식을 20년간 지속하면 순수 납입액은 60,000,000원, 환급액을 포함한 납입액은 69,055,000원이 됩니다. 연금 저축의 수익률을 고려하기 전에 이미 자산이 9,055,000원 늘어나 있습니다. 시작부터 15%의 수익률을 달성한 것과 마찬가지입니다.

두 번째 방법은 두 번째 해에도 환급액을 처음 납부액과 동일하게 만드는 전략입니다. 첫해에 300만 원을 납부하고 받은 환급금 396,000원이 있다면 두 번째 해 납부할 300만 원을 만들기 위해서는 추가로 260만 4천 원만 가져오면 됩니다. 그러면 두 번째 해에도 첫해처럼 300만 원에 대해 세액공제가 계산되니 첫해와 마찬가지로 396,000원을 환급받게 될 것입니다. 그러면 세 번째 해에도 260만 4천 원만 가져다 넣으면 됩니다. 이와 같은 방식으로 20년간 납입을 해 나갔다면 처음에만 300만 원을 넣었고 이후로 19번을 260만 4천 원만 납부했을 것입니다. 그러면 52,476,000원을 들여서 총 납부액 60,000,000원을 채운 셈입니다. 차액은 7,524,000원인데 수익률로 따져 보면 14.3%에 이릅니다.

첫 번째 방법은 처음 계획했던 목표 원금을 초과하는 원금 총액을 만드는 전략이고 두 번째 방법은 적은 돈을 들여 목표 원금을 달성하는 전략입니다. 각자 개인의 성향을 고려할 때 두 전략 가운데 관리가 용이하고 결과가 선호되는 전략을 골라 진행하시면 됩니다. 두 방법에 대해 앞서 설명 드린 이득은 원금 총액을 확보하는 방법에 관한 것이었습니다. 상품의 수익률에 대해서는 아직 고려하지 않았다는 말씀입니다. 즉 우리가 이렇게 쌓은 원금에, 상품의 수익률이 향상되면 될수록 순수 납입 금액 대비 실제 수익률은 상당히 높아질 것입니다. 게다가 세액공제 환급금을 이렇게 재투자하는 경우, 연금저축을 수령할 때 3.3~5.5%를 내야 하는 연금소득세에 충분히 대비할 수 있을 것입니다.

교직원공제회와 연금저축의 설계

여기에서는 연금저축펀드, 연금저축보험, 그리고 IRP의 특성을 간단히 살펴보겠습니다. 간단하게 정리한 내용은 다음 표와 같습니다.

즉, 높은 수익률을 추구하면서 위험을 감수하고자 하신다면 연금저축펀드가 적합합니다. 그렇지 않고 수익률이 낮더라도 원금이 보장되기를 원하신다면 연금저축보험을 선택하시는 것이 좋습니다. 연금저축펀드와 연금저축보험의 세액공제 납입 한도를 모두 충족시켰을 경우, 추가적 가입을 원할 때는 IRP를 고려해 보면 됩니다. IRP에 가입한 경우, 위험을 감수하며 수익률을 높이고자 하신다면 주식형 펀드에, 수익률이 낮더라도 원금 보장을 원하신다면 원금 보장형 상품에 가입하면 됩니다.

연금저축펀드	펀드에 투자하여 수익률이 높을 수 있으나 손실 역시 발생할 수 있음. 원금 보장되지 않음.
연금저축보험	보험회사와 약정한 수익률을 보장받음. 수익률이 높지는 않지만 원금은 보장됨.
IRP	예금, 펀드 등 다양한 상품에 가입할 수 있으며 선택에 따라 수익률이 높을 수도 있으나 원금 보장이 되지 않을 수 있음. 반대로 수익률은 낮지만 원금 보장이 될 수도 있음.

IRP는 '퇴직' 연금 계좌입니다. 그 성격상 연금저축펀드나 연금저축보험보다 많은 안전장치를 국가에서 마련해 놓았습니다. 예를 들어 위험 자산에 모두 투자할 수 없도록 제한해 두었다거나 중도인출 시 더 많은 제한사항이 있기도 합니다. 따라서 연금 계좌에 가입하실 때는 우선 연금저축펀드나 연금저축보험에 가입하신 후, 추가적으로 더 납입하실 계획이시라면 IRP에 가입하시면 됩니다.

세 가지 중에서 가장 우선적으로 선택해야 하는 것은 연금저축펀드입니다. 연금저축펀드와 교직원공제회를 비교해 보겠습니다. 연금저축펀드의 장점은 투자 상품으로서 높은 수익률과 매년 13.2~16.5%의 세액공제입니다. 하지만 원금 손실의 위험이 있으며 수익률이 변동적이고 각 상품마다 수수료가 존재한다는 단점이 있습니다. 반면 교직원공제회는 수수료가 없으면서도 저율 과세라는 이점이 있습니다. 단점으로는 다른 투자 상품에 비해 이자율이 높지 않다는 점입니다.

이러한 장단점을 살려 교직원공제회로는 안정성에, 연금저축펀드로는 수익성에 초점을 맞추면 좋습니다. 그래서 실제로 가입할 때는 두 상품 중 어느 것이 더 우수한지를 고민할 필요가 없습니다. 둘 다 가입하시면 됩니다. 교직원공제회를 통해 확실한 안정적 수익을 마련하고, 연금저축펀드를 통해 수익률에 따라 납입액 그 이상을 받을 수 있는 가능성을 열어 두면 됩니다.

비율은 어떻게 하면 좋을까요? 중립적 투자를 원하시는 경우라면 투자 교직원공제회와 연금저축펀드 투자를 5:5 비율로 가입하고, 공격적인 투자를 원하시면 3:7, 보수적으로 투자하기를 원하시면 7:3 비율로 납입해 보시면 되겠습니다.

이 중립적, 공격적, 보수적 투자 성향은 각 개인의 고유한 성격일 수도 있지만 동일인이라 할지라도 연령대에 따라 달라지기도 합니다. 은퇴 설계에 있어서는 일반적으로 젊을 때는 공격적 투자를 하고, 나이가 차면서 점차 중립적으로 변화하다가, 은퇴 시기에는 최종적으로 보수적으로 바뀌시게끔 하는 것을 원칙으로 하고 있습니다. 적용해 보자면 저경력 선생님들은 연금저축펀드의 비중을 조금 더 높게 설정하고 유지하시다가 점점 교직원공제회의 비중을 올리시는 것이 바람직하다고 생각합니다. 퇴직이 오래 남지 않은 고경력 선생님이시라면 교직원공제회의 비중이 더 높아야 한다고 생각합니다.

개인적으로 연금저축보험은 추천드리지 않습니다. 연금저축보험의 장점은 세액공제와 정해진 이율로 안정된 운용이 가능하다는 것입니다. 하지만, 이 세액공제라는 장점은 연금저축펀드에서도 동일하게 받을 수 있고, 정해진 이율로 안정된 운용이 가능하다는 것 또한 교직원공제회 역시 동일합니다. 오히려, 교직원공제회에서 발생하지 않는 비용과 수수료가 추가적으로 발생합니다. 그렇기 때문에, 개인적으로는 연금저축보험을 추천드리지 않습니다. IRP 역시 연금저축펀드에 비해 우선순위에서 후순위입니다. 운용과 중도인출에서 연금저축펀드에 비해 제한사항이 추가적으로 있기 때문입니다. IRP는 연금저축펀드 납입인정액인 600만 원을 초과했을 경우에야 활용해야 하는 상품이라고 생각합니다.

    결론적으로, 개인연금을 구성함에 있어 개인적으로 가장 선호하는 교직원공제회와 연금저축펀드를 활용하시길 권장드리며, 두 상품 중 하나만을 선택하시는 것보다는 두 상품의 비중을 조절하여 안정성과 수익성을 모두 확보하시기를 바랍니다.

9장

세금과 건강보험료
: 연금 수령 시 고려사항

- 연금에 부과되는 세금의 종류
- 퇴직연금, 연금계좌: 연금소득세
- 퇴직수당연금: 퇴직소득세 그리고 이자소득세
- 교직원공제회: 이자소득세
- 건강보험료

깊이 알아보기 　부동산 임대소득과 연금 수령액의 관계

연금에 부과되는 세금의 종류

퇴직을 하고 나면 앞서 말씀 드린 1층, 2층, 3층에 해당하는 다양한 연금을 수령하게 됩니다. 그리고 각 연금에는 세금이 부과됩니다. 소득세입니다. 우선 연금소득세가 있을 것입니다. 그런데 다양한 소득세가 부과됩니다. 연금 재원의 원천에 따라 소득세의 종류가 다르고 세율도 다릅니다.

연금소득세는 공무원연금 가운데 퇴직연금이 포함된 1층 연금에 부과됩니다. 같은 공무원연금이어도 퇴직수당(연금)이 포함된 2층 연금에는 연금소득세가 아니라 퇴직소득세가 부과됩니다. 이를 연금 형태로 만들면 이자소득세가 생깁니다. 개인연금이 포함된 3층 연금에는 보다 다양한 세금이 부과됩니다.

연금이라는 단어는 폭넓게 사용되지만 세금은 재원에 따라 다르게 부과됩니다. 예를 들어 주택 임대를 통한 월세에는 사업소득세가 부과됩니다. 주식 배당금에는 배당소득세가, 은행 예금이자 또는 보험사 연금보험 상품에는 이자소득세가 부과됩니다. 흥미롭게도 주택연금은 연금이지만 그 본질이 주택을 담보로 한 대출이기 때문에 세금이 부과되지 않습니다. 오히려 연말정산 시 소득공제로 활용됩니다.

3층 연금의 주력인 연금저축은 연금소득세가 부과되고 교직원공제회 상품은 이자소득세가 부과됩니다. 연금저축이나, 교직원공제회에 불입된 재원은 개인의 돈입니다. 하지만, 연금저축은 정부의 연금 정책상품으로서 세액공제 혜택을 받았기 때문에, 연금소득세가 과세됩니다. 교직원공제회는 정해진 이율만큼 이자를 주는 상품이기 때문에 이자소득세가 과세됩니다.

이 책에서는 연금 관련 세금은 1층(퇴직연금)에 부과되는 연금소득세, 2층(퇴직수당)에 부과되는 퇴직소득세와 이를 연금 형태로 만들 때 발생하는 이자소득세, 그리고 3층에 부과되는 두 번째 연금소득세(연금계좌)와 이자소득세(교직원공제회)로 한정하여 살펴보겠습니다.

소득세에 적용되는 기본 세율은 다음 표와 같습니다. 연말정산을 할 때 보셨을 표입니다. 단 분리과세 되지 않고 종합과세 되는 경우에 각종 연금의 금액을 합쳐 다음 세율이 적용되는 것입니다. 퇴직수당에 대해서만은 따로 퇴직소득세가 과세됩니다.

소득세 세율	
과세표준	세율
1,400만 원 이하	6%
1,400만 원 초과 5,000만 원 이하	84만 원 + (1,400만 원을 초과하는 금액의 15%)
5,000만 원 초과 8,800만 원 이하	624만 원 + (5,000만 원을 초과하는 금액의 24%)
8,800만 원 초과 1.5억 원 이하	1,536만 원 + (8,800만 원을 초과하는 금액의 35%)
1.5억 원 초과 3억 원 이하	3,706만 원 + (1억 5천만 원을 초과하는 금액의 38%)
3억 원 초과 5억 원 이하	9,406만 원 + (3억 원을 초과하는 금액의 40%)
5억 원 초과 10억 원 이하	1억 7,406만 원 + (5억 원을 초과하는 금액의 42%)
10억 원 초과	3억 8,406만 원 + (10억 원을 초과하는 금액의 45%)

퇴직연금, 연금계좌: 연금소득세

퇴직연금과 연금계좌에는 연금소득세가 과세됩니다. 구체적으로 소득세법은 연금을 공적연금[1]과 사적연금[2]으로 구분하고 있습니다. 1층 연금인 퇴직연금은 공적연금에 해당되고 3층 연금인 연금계좌는 사적연금입니다. 공적연금과 사적연금에 대한 과세는 방법이 서로 다릅니다.

공적연금에 대한 연금소득세 과세 방법은 매우 간단합니다. 교사로 재

---

[1] 공적연금 관련법에 따른 연금(국민연금법, 공무원연금법, 군인연금법, 사립학교교직원 연금법, 별정우체국법 국민연금과 직역연금의 연계에 관한 법률에 따라 받는 각종 연금)

[2] 연금계좌에서 연금수령하는 다음의 소득
  가. 소득세법 제416조 제2항에 따라 원천징수되지 아니한 퇴직소득
  나. 세액공제를 받은 연금계좌 납입액
  다. 연금계좌의 운용실적에 따라 증가된 금액
  라. 그 밖에 연금계좌에 이체 또는 입금되어 해당 금액에 대한 소득세가 이연된 소득으로서 대통령령으로 정하는 소득

직하고 있을 때 행정실에서 세금을 원천징수한 세후 월급을 받았던 것과 마찬가지로 퇴직 후에는 공무원연금공단에서 세금을 원천징수한 연금을 수령하게 됩니다. 퇴직연금을 수령한다면 매년 연말정산을 해야 합니다. 연말정산의 과정은 유사하지만 받을 수 있는 공제에는 차이가 있습니다.

첫째, 가장 기본적인 근로소득과 연금소득은 공제 금액에 차이가 있습니다.

근로소득 공제		연금소득 공제	
총 급여액 구간	공제 금액	총 급여액 구간	공제 금액
500만 원 이하	총 급여액의 70%	350만 원 이하	총 연금액
500만 원 초과 1,500만 원 이하	350만 원 + 초과금액 x 40%	350만 원 초과 700만 원 이하	350만 원 + 초과금액 x40%
1,500만 원 초과 4,500만 원 이하	750만 원 + 초과금액 x 15%	700만 원 초과 1,400만 원 이하	490만 원 + 초과금액 x 20%
4,500만 원 초과 1억 원 이하	1,200만 원 + 초과금액 x 5%	1,400만 원 초과	630만 원 + 초과금액x 10%
1억 원 초과	1,475만 원 + 초과금액 x 2%	최대 900만 원 공제	

둘째, 연금소득세의 소득공제는 인적공제와 주택연금 이자비용공제[3]만 가능합니다. 그러므로 보험료, 의료비, 교육비, 주택자금, 신용카드 등의 사용액은 소득공제로 인정되지 않습니다. 연금소득 외 근로소득도 있는 경우에만 신용카드 사용액 등도 소득공제로 인정됩니다. 소득공제를 적용한 후 기본세율을 곱하여 납부할 소득세액을 산출합니다.

---

[3] 주택담보노후연금이자비용공제. 주택담보노후연금을 받은 경우 200만 원 한도로 이자비용을 소득공제한다.

셋째, 산출된 소득세액에 세액공제를 합니다. 연금소득세의 세액공제는 표준세액공제(7만 원. 근로소득이 없을 경우 가능), 자녀세액공제, 외국납부세액공제만 인정됩니다.

퇴직연금에 대해서는 2002년 1월 1일 이후의 연금에만 소득세가 과세됩니다. 예를 들어, 재직기간이 30년이고 퇴직연금 수령액이 300만 원인 경우, 2002년 1월 1일 이전 재직기간이 10년, 이후 재직기간이 20년이라면, 2002년 1월 1일 이후의 재직기간은 전체 기간 30년 중 20년이므로 퇴직연금액 300만 원 중 2/3인 200만 원만이 소득세 과세 대상이 됩니다.

3층 개인연금에 해당하는 연금계좌(사적연금)는 연간 1,500만 원 이하까지는 3~5%의 분리과세를 적용하며 1,500만 원을 초과하는 경우에는 공적연금과 합산하여 종합소득세를 납부하거나 연금계좌 부분만 15%의 분리과세를 선택할 수 있습니다. 어떤 것이 절세에 가장 좋은 선택일까요? 종합소득세는 기본세율이 적용되므로 6% ~ 45%의 세율이 적용됩니다.(166쪽 표) 연금계좌는 연간 1,500만 원 이하로 받을 경우 3% ~ 5%가 적용됩니다. 즉, 연금계좌를 1,500만 원 이하로 수령할 때 적용되는 세율은 최대 5%이지만, 1,500만 원을 초과하여 수령하는 순간 종합소득세가 과세되어 최소 6%의 세율이 적용됩니다. 그러므로 절세를 위해서는 연금계좌 수령액을 1,500만 원 이하(매달 125만 원 이하) 이하로 설정하는 것이 바람직합니다. 그리고 주의할 사항이 있습니다. 다음의 연금계좌 인출조건에 부합하지 않는 경우, 연금 외 수령으로 기타소득세 15%가 과세됩니다.

- **연금계좌 연금수령 요건**
  — 가입자가 55세 이후 연금계좌취급자에게 연금수령 개시를 신청한 후 인출할 것.
  — 연금계좌의 가입일부터 5년이 경과된 후에 인출할 것('이연퇴직소득'은 해당하지 않음.).
  — 다음의 계산식에 따라 계산된 금액('연금수령한도') 이내에서 인출할 것.

  ➡ 연금수령한도 = $\dfrac{\text{연금계좌의 평가액}}{11-\text{연금수령연차}} \times \dfrac{120}{100}$

연금계좌 연금소득세

연금소득	70세 미만	5%
	70세 이상 80세 미만	4%
	80세 이상	3%
연금 외 소득	기타소득세	15%

다소 복잡해 보일 수 있을 것 같습니다. 간단히 기억하고자 하신다면, "연금 수령시기가 연금계좌 가입 후 5년이 경과된 후이고, 55세 이후이면서 연금 수령액을 월 124만 원으로 설정"하면 과세를 유리한 세율로 받을 수 있다고 기억하시면 도움이 되실 겁니다.

Q 실제 연금수령액은 세후 얼마인가요?

A 공무원연금은 원천징수된 금액을 수령한 뒤, 내년에 연말정산을 하게 됩니다. 원천징수는 연금소득 간이세액표 [소득세법 시행령 별표 3]에 따라서 징수가 됩니다. 가족수가 몇이냐에 따라 원천징수 세액이 달라집니다. 여기에서는 본인 또는 배우자가 있을 경우에 한해 몇 가지 구간을 말씀드리겠습니다. 구체적인 세액은 직접 간이세액표를 확인해보시면 됩니다. 이 원천징수한 금액에 건강보험료를 공제하고 난 금액이 선생님들께서 실제로 매달 수령하실 연금액입니다.

연금소득 간이세액표

(단위: 원)

공제대상 가족수 / 월 연금액	70세 이상자가 없는 경우		70세 이상자가 1명인 경우		70세 이상자가 2명인 경우
	본인	본인+배우자	본인	본인+배우자	본인+배우자
100만 원	17,400	9,900	12,400	4,900	0
150만 원	43,430	35,930	38,430	30,930	25,930
200만 원	80,510	63,200	68,010	58,200	53,200
250만 원	148,010	129,260	135,510	116,760	104,260
300만 원	215,510	196,760	203,010	184,260	171,760
350만 원	284,410	265,660	271,910	253,160	240,660
400만 원	357,910	339,160	345,410	326,660	314,160

퇴직수당연금: 퇴직소득세 그리고 이자소득세

2층 연금, 즉 퇴직수당에 대한 세금인 퇴직소득세는 퇴직 후 가장 먼저 마주하게 되는 세금입니다. 퇴직수당은 수십 년에 이를 수도 있는 긴 기간에 누적된 금액을 한 번에 수령하는 것으로, 다른 일반적인 소득과는 다른 방식으로 과세됩니다. 퇴직소득세의 계산식은 다음과 같습니다.

퇴직소득세 계산 구조

순서	계산 부호	항	비고(각 항의 성격)
1	(첫 항)	퇴직소득금액	퇴직급여액(퇴직수당, 명예퇴직수당 등의 일시금 총액) - 비과세 소득
2	(-)	퇴직소득공제(①)	① 근속연수 대비 소득공제
3	÷	근속연수	
4	(×)	12	
5	=	환산급여	
6	(-)	퇴직소득공제(②)	② 환산급여 대비 소득공제
7	=	퇴직소득 과세표준	

순서	계산 부호	항	비고(각 항의 성격)
8	(×)	세율	6~45% 기본세율
9	=	환산 전 산출세액	
10	(÷)	12	
11	(×)	근속연수	
12	=	퇴직소득 산출세액	퇴직소득세

퇴직소득세의 계산 공식은 복잡할 수 있으나, 간단히 설명드리자면, 수십 년에 걸쳐 누적된 금액인 퇴직소득을 1년치 소득으로 환산한 뒤 세액을 산출하고, 이를 다시 수십 년치로 환산하는 과정을 통해 계산됩니다. 이 과정은 원천징수되어 진행됩니다. 다음에서 계산 예시를 간단히 확인해 보시는 것도 좋습니다. 예를 들어 30년 동안 근무하고 8,000만 원의 퇴직수당을 받았다고 가정해 보겠습니다.

퇴직소득세 계산 구조

순서	계산 부호	항	비고(각 항의 성격)
1	(첫 항)	퇴직소득금액	8,000만 원
2	(-)	퇴직소득공제(①)	7,000만 = 4,000만 + (근속연수 30 - 20) × 300만
3	÷	근속연수	333,333 = 10,000,000 / 30
4	(×)	12	4,000,000 = 333,333 × 12개월
5	=	환산급여	4,000,000
6	(-)	퇴직소득공제(②)	4,000,000 (8백만 원 이하 전액 공제)
7	=	퇴직소득 과세표준	0원
8	(×)	세율	
9	=	환산 전 산출세액	0원
10	(÷)	12	
11	(×)	근속연수	
12	=	퇴직소득 산출세액	0원

8,000만 원의 퇴직수당을 받을 때는 퇴직소득세가 발생하지 않습니다. 퇴직연금과 마찬가지로 2002년 이후의 금액이 과세 대상이 되니 참고하시기 바랍니다. 만약 2002년 이전에 근무하신 기간이 10년이고, 그 이후의 기간이 20년이라면, 퇴직소득금액은 8,000만 원의 2/3, 즉 53,333,333원으로 계산을 시작하시면 됩니다.

퇴직수당만 받는 경우 산출세액이 0원이거나 그에 가까운 금액이 나오지만 명예퇴직수당을 받는 경우 대략 1~2백만 원 정도의 퇴직소득세가 과세될 수 있습니다. 더 궁금하신 분은 국세청 홈페이지에서 모의 계산을 해 보시는 것을 추천드립니다[4].

이 퇴직수당을 우리는 교직원공제회의 퇴직생활급여(확정연금형) 상품을 통해 퇴직수당연금으로 활용하기로 하였습니다.

구분	5년	10년	15년	20년
7,000만 원	1,310,000	730,000	540,000	450,000
8,000만 원	1,500,000	840,000	620,000	520,000
9,000만 원	1,690,000	940,000	700,000	580,000
1억 원	1,880,000	1,050,000	780,000	650,000

퇴직수당 8,000만 원은 퇴직소득세가 0원이므로, 이를 교직원공제회 상품에 납입하면 10년 동안 매달 840,000원을 받을 수 있습니다(2025년 1월, 급여율 4.90% 기준).

---

[4] 모의계산 가능처: 홈텍스홈페이지(https://www.hometax.go.kr) > 전체메뉴 > 지급명세 · 자료 · 공익법인 > (근로 · 사업 등) 지급명세서 제출 > (모의계산) 퇴직소득 지급명세서

해당 상품은 원리금균등방식으로 확정연금형으로 급여금을 지급합니다. 최초 1회분에서는 이자가 만 원이 안되고, 마지막 지급분에서는 이자가 약 32만 원이 됩니다. 이 이자에 이자소득세가 14%(지방세 포함 15.4%)가 과세됩니다. 마지막 10년차 때의 연간 이자지급액은 3,840,000원(32만 원 × 12개월)에 대한 이자소득세는 591,360원(월 49,280원) 즉, 마지막 10년차에 원천징수후 지급받는 급여액은 매달 840,000원에 이자소득에 대한 원천징수액 49,280원을 뺀 790,720원을 지급받게 됩니다. 이자소득세는 해당상품 가입 시 전 가입기간 중 급여금에 원금과 이자가 어떻게 변하는지 가입설계서를 받아서 계산해 보시면 됩니다.

교직원공제회: 이자소득세

교직원공제회의 모든 금융상품은 이자소득세 과세 대상입니다. 그러나, 대표적인 상품인 장기저축급여(퇴직급여금)와 이를 바탕으로 퇴직 후 연금처럼 매달 지급받는 장기저축급여(분할급여금)는 저율과세의 대상이 되어 0~3%의 이자소득세가 부과됩니다.

저율과세에 대한 구체적인 근거를 설명드리겠습니다. 교직원공제회에서 발생하는 이자소득의 경우 소득세법상 '직장공제회 초과반환금(이하 '이자')'에 해당됩니다. 해당 이자에 대한 세액은 소득세법 제63조(직장공제회 초과반환금에 대한 세액 계산의 특례)에 따라 산출됩니다. 이는 퇴직소득세의 계산 방식과 유사합니다.

세액의 계산은 크게 세 단계로 이루어집니다. 첫 번째 단계에서는 이자금액의 40%를 공제하고, 두 번째 단계에서는 남은 60% 금액에 대해 납입 연수에 따라 아래 표에 명시된 금액을 공제하게 됩니다. 마지막으로 기본 세율 6~45%를 적용합니다.

납입 연수	공제액
5년 이하	30만 원 × 납입연수
5년 초과 10년 이하	150만 원 + 50만 원 × (5년 초과 연수)
10년 초과 20년 이하	400만 원 + 80만 원 × (10년 초과 연수)
20년 초과	1,200만 원 + 120만 원 × (20년 초과 연수)

실제로 직장공제회 초과 반환금에도 6~45%의 기본 세율이 적용되지만, 첫 번째와 두 번째 단계의 공제 과정을 거친 후에 이 기본 세율을 적용하면 이자에 대해 0~3% 범위의 세율이 적용된 세액이 산출됩니다.

이를 기반으로 한 연금 상품인 장기저축급여(분할급여금)에 적용되는 세율은 소득세법 시행령 제120조의 2항에 규정되어 있습니다. 식으로만 정리하면 아래와 같습니다.

분할급여금의 세액 = 분할급여금의 이자 × (퇴직급여금 세액 ÷ 퇴직급여금 이자)
= 분할급여금의 이자 × 퇴직급여금 세율

(양변을 분할급여금의 이자로 나누기)
↓
(분할급여금의 세액 ÷ 분할급여금의 이자) = 퇴직급여금 세율
↓
분할급여금 세율 = 퇴직급여금 세율

즉 분할급여금 이자에 퇴직급여금과 동일한 세율(0~3%)를 적용하여 세액이 산출됩니다. 예를 들어 재직 중 장기저축급여(퇴직급여금) 상품에 매달 30만 원씩 20년간 납입했다면 납입 원금은 72,000,000원이고, 이자는 48,630,690원입니다(2025년 1월, 급여율 4.90%, 교직원공제회 예상금액 조회결과 기준). 직장공제회 초과반환금에 대한 계산을 먼저 해 보겠습니다. 1단계로 48,630,690원의 40%를 공제하면 남는 금액은 29,178,414원입니다. 여기에서 앞의 표에 따라 20년 납입 연수에 따른 1,200만 원을 공제하면, 17,178,414원이 과세 표준이 됩니다. 여기에 6~45%의 기본 세율을 적용하면, 최종 세액은 1,316,762원이 되며, 최종적으로 2.70% 세율이 적용된 셈입니다.(1,316,762 ÷ 48,630,690 = 약 2.70%) 세후 119,313,920원(원금 72,000,000원, 이자 47,313,920원)을 수령하게 됩니다.

이 금액 중 115,000,000원으로 분할급여금 상품에 가입했을 때 20년간 매월 747,900원을 지급받습니다. 원리금균등분할 지급으로 매월 지급받는 금액은 동일하지만, 최초지급분부터 마지막지급분으로 갈수록 원금의 비중은 감소하고 이자의 비중은 증가합니다. 이자의 비중이 가장 큰 마지막 지급 때에는 원금이 286,500원이고 이자가 461,400원입니다. 이자 461,400원에 2.70%를 곱해 주면 이자소득세가 12,450원으로 계산됩니다.

무엇보다 중요한 것은 장기저축급여에 대한 이자소득세는 1999년 1월 1일 이후 가입한 교사를 대상으로 과세된다는 점입니다. 그 이전에 가입한 교사는 이 이자소득세가 과세되지 않습니다.

건강보험료

건강보험금은 질병과 부상에 대한 예방, 진단, 치료 등을 위해 공단에서 현물 또는 현금으로 제공됩니다. 병원이나 약국 영수증에서 '급여(공단부담금)'라고 표시된 부분은 건강보험공단에서 제공하는 급여를 의미합니다.

이러한 건강보험의 주요 재원은 보험료입니다. 보험료의 납부 대상자는 직장가입자(사업장의 근로자 및 사용자, 공무원 및 교직원)와 지역가입자(직장가입자와 그 피부양자를 제외한 가입자)로 구분됩니다. 모든 국민이 건강보험의 혜택을 받으나, 보험료는 직장가입자와 지역가입자만 납부하며, 피부양자는 보험료 납부 의무가 없습니다.

직장가입자인 교사들은 급여명세서에서 확인할 수 있듯이 매달 보수월액의 7.09% 중 절반인 3.545%를 납부합니다. 나머지 절반은 국가가 부담합니다. 지역가입자는 소득과 재산을 기준으로 보험료를 납부하며 피부양자는 보험 급여는 받지만 보험료 납부 대상이 아닙니다.

보험금은 가입자 유형에 관계 없이 동일하게 받습니다. 따라서 보험료 납부의 의무만 고려해 볼 때 피부양자 > 직장가입자 > 지역가입자 순으로 유리하다고 볼 수 있습니다.

교사는 직장가입자였다가 퇴직 후에는 피부양자 또는 지역가입자가 됩니다. 교사 대부분은 피부양자가 되기를 희망하지만 보통 지역가입자가 됩니다. 피부양자가 되기 위해서는 요건을 충족해야 하기 때문입니다.

피부양자가 되기 위한 요건은 부양 요건과 소득/재산 요건으로 나눌 수 있습니다. 부양 요건은 직장가입자인 자녀가 있으면 충족됩니다. 그러나 소득/재산 요건이 까다롭습니다. 사업소득이 없어야 하며[5], 모든 소득을 합하여 연간 2천만 원 이하이고, 재산도 5.4억 원 이하여야 합니다. 또는 재산 9억 원 이하에 합산소득 1,000만 원 이하여야 합니다.

퇴직연금을 월 167만 원 이상 수급하는 경우, 연간 2,004만 원이기 때문에 자격 요건을 충족할 수 없습니다. 따라서 대부분의 교사들은 피부양자보다는 지역가입자가 되는 것으로 보입니다. 이에 따라 피부양자 요건보다는 지역가입자의 보험료를 확인하고, 이를 줄일 수 있는 방안을 모색

---

5   사업자등록이 없을 경우, 사업소득이 연간 500만 원 이하여야 한다.

하는 것이 더 유익할 것입니다.

지역가입자의 건강보험료 산정 방법을 살펴보면, 우선 소득을 고려합니다. 소득의 전부를 고려하여 피부양자 여부를 결정하지만 일단 지역가입자가 되면 건강보험료 산정 시 소득의 일정 부분만을 기준으로 보험료를 부과합니다.

- **국민건강보험법 시행규칙 제44조(소득 산정방법 및 평가기준)**
- 이자소득과 배당소득의 합계액이 1천만 원 이하인 경우에는 소득 금액으로 합산하지 않음.
- 근로, 연금 소득: 소득세법에 따라 산정한 소득 금액의 50% 적용

이와 같이 산정한 연 소득을 12개월로 나눈 금액에 직장가입자와 동일하게 7.09%를 부과합니다만 국가에서 절반을 부담하던 것과 달리 7.09% 전액을 개인이 부담하게 됩니다.

다음으로 재산을 살펴보겠습니다. 재산의 범위에는 재산세가 과세되는 토지[6], 건축물, 주택, 선박, 항공기가 있고, 또한 이 재산의 범위에서 지역가입자가 실제 거주를 목적으로 주택을 구입 또는 임차하기 위하여 받은 대출금액(예를 들어, 주택담보대출, 전세자금대출 등)은 제외됩니다[7]. 자동차도 재산에 포함되었지만 2024년 2월 13일 법 개정으로 재산에서

---

[6] 다만 종중재산, 마을 공동재산, 그 밖에 이에 준하는 공동의 목적으로 사용하는 건축물 및 토지는 제외한다.

제외되었습니다.

토지, 건축물, 주택, 선박, 항공기의 재산 가액은 과세 표준액의 100%를 적용하지만 무주택자의 임차주택에 대한 보증금 및 월세 금액은 30%를 적용합니다. 이 두 금액을 합친 후 기본 공제(일괄 1억 원)를 적용한 뒤 급간별로 점수를 부여합니다. 그 후 점수당 208.4원을 곱하여 재산에 대한 보험료를 산정합니다.

이 재산 중 가장 흔한 경우는 재산으로서 주택을 소유하고 있거나 무주택자로 주택을 임차하고 있는 것일 것입니다. 그 외의 건물, 토지, 선박, 항공기를 소유하는 경우는 드물기에, 주택에 관해서 조금 더 자세히 살펴보겠습니다.

주택의 재산가액은 과세표준액의 100%를 적용한다고 하였습니다. 소유하고 있는 주택(아파트)의 매매가가 10억 원인 경우, 이 10억 원이 모두 재산 가액으로 산정되는 것은 아닙니다. 우선 주택의 재산 가액은 지방세법상 시가표준액으로 산정합니다. 재산세 납부 시 대상이 되는 아파트 '공시가격'을 의미합니다. 보통 공시가격은 매매가의 70% 정도 수준입니다. 이 시가표준액에 공정 시장 가액 비율을 곱하게 되어 있는데 주택은 60%의 비율이며, 1세대 1주택인 경우 43~45%[8]를 곱합니다. 즉 10억 원

---

7   지역가입자 보험료 산정 시 주택대출금액 제외 방법에 관한 고시[시행 2024.5.8.] 보건복지부고시 제2024-82호] 제4조(실제 거주목적의 대출)
    주택담보대출, 보금자리론, 전세자금대출, 전세자금(보증서,질권 등)대출, 전세보증금담보대출
8   시가표준액이 3억 원 이하인 주택(43%), 3억 원 초과 ~ 6억 원 이하(44%), 6억 원 초과(45%)

재산보험료부과점수 산정방법[9]

등급	재산금액(만 원)	점수	등급	재산금액(만 원)	점수
1	450 이하	22	31	38,800 초과 ~ 43,200 이하	757
2	450 초과 ~ 900 이하	44	32	43,200 초과 ~ 48,100 이하	785
3	900 초과 ~ 1,350 이하	66	33	48,100 초과 ~ 53,600 이하	812
4	1,350 초과 ~ 1,800 이하	97	34	53,600 초과 ~ 59,700 이하	841
5	1,800 초과 ~ 2,250 이하	122	35	59,700 초과 ~ 66,500 이하	881
6	2,250 초과 ~ 2,700 이하	146	36	66,500 초과 ~ 74,000 이하	921
7	2,700 초과 ~ 3,150 이하	171	37	74,000 초과 ~ 82,400 이하	961
8	3,150 초과 ~ 3,600 이하	195	38	82,400 초과 ~ 91,800 이하	1,001
9	3,600 초과 ~ 4,050 이하	219	39	91,800 초과 ~ 103,000 이하	1,041
10	4,050 초과 ~ 4,500 이하	244	40	103,000 초과 ~ 114,000 이하	1,091
11	4,500 초과 ~ 5,020 이하	268	41	114,000 초과 ~ 127,000 이하	1,141
12	5,020 초과 ~ 5,590 이하	294	42	127,000 초과 ~ 142,000 이하	1,191
13	5,590 초과 ~ 6,220 이하	320	43	142,000 초과 ~ 158,000 이하	1,241
14	6,220 초과 ~ 6,930 이하	344	44	158,000 초과 ~ 176,000 이하	1,291
15	6,930 초과 ~ 7,710 이하	365	45	176,000 초과 ~ 196,000 이하	1,341
16	7,710 초과 ~ 8,590 이하	386	46	196,000 초과 ~ 218,000 이하	1,391
17	8,590 초과 ~ 9,570 이하	412	47	218,000 초과 ~ 242,000 이하	1,451
18	9,570 초과 ~ 10,700 이하	439	48	242,000 초과 ~ 270,000 이하	1,511
19	10,700 초과 ~ 11,900 이하	465	49	270,000 초과 ~ 300,000 이하	1,571
20	11,900 초과 ~ 13,300 이하	490	50	300,000 초과 ~ 330,000 이하	1,641
21	13,300 초과 ~ 14,800 이하	516	51	330,000 초과 ~ 363,000 이하	1,711
22	14,800 초과 ~ 16,400 이하	535	52	363,000 초과 ~ 399,300 이하	1,781
23	16,400 초과 ~ 18,300 이하	559	53	399,300 초과 ~ 439,230 이하	1,851
24	18,300 초과 ~ 20,400 이하	586	54	439,230 초과 ~ 483,153 이하	1,921
25	20,400 초과 ~ 22,700 이하	611	55	483,153 초과 ~ 531,468 이하	1,991
26	22,700 초과 ~ 25,300 이하	637	56	531,468 초과 ~ 584,615 이하	2,061
27	25,300 초과 ~ 28,100 이하	659	57	584,615 초과 ~ 643,077 이하	2,131
28	28,100 초과 ~ 31,300 이하	681	58	643,077 초과 ~ 707,385 이하	2,201
29	31,300 초과 ~ 34,900 이하	706	59	707,385 초과 ~ 778,124 이하	2,271
30	34,900 초과 ~ 38,800 이하	731	60	778,124 초과	2,341

의 아파트의 공시가격은 약 7억 원이고, 7억 원의 60%는 4억 2천만 원이며, 만약 1세대1주택인 경우 45%인 3억 1천 5백만 원이 주택의 재산가액이 됩니다.

무주택자의 경우, 보증금과 월세금액은 월세금액을 전세금액으로 환산하여 보증금과 더한 값을 재산가액으로 산정합니다. 구체적으로 월세금액에 40을 곱한 금액에 보증금을 합친 후 30%를 곱해 주면 됩니다. 만약, 보증금 3억 원, 월세 50만 원이라면, 3억 2천만 원의 30%인 9,600만 원이 재산가액이 됩니다[10]. 이렇게 계산한 금액에서 1억 원의 기본공제를 적용한 금액이 재산 보험료 부과 점수의 기준이 됩니다. 이 금액을 아래 표의 급간에서 점수를 찾아 점수당 208.4원을 곱하면 재산 보험료를 산출할 수 있습니다.

예를 들어 퇴직연금 250만 원을 수령하고 거주 주택이 1세대 1주택인데 매매가가 10억 원이라면, 보험료는 다음과 같이 부과됩니다.

- 퇴직연금 月 250만 원 수령 = 250만 원 × 50% × 7.09% = 88,620원
- 주택(1세대 1주택) 매매가 10억 원 = 10억 × 70% × 45% − 기본공제 1억 원 = 21,500만 원 = 611점
- 88,620원 + (611점 × 208.4원 = 127,330원) = 215,950원

---

9 국민건강보험법 시행령[시행 2024.10.2.] [별표4] 재산보험료부과점수의 산정방법(제42조제1항 관련)
10 (보증금 + 월세금액에 40을 곱한 금액)(이하 "기준액")이 임대차계약의 변경 또는 갱신으로 인상된 경우(임대차 목적물이 변경되어 기준액이 인상된 경우는 제외)로서 인상된 금액이 인상 전 기준액의 100분의 10을 초과한 경우에는 그 변경되거나 갱신된 계약기간 동안의 기준액은 인상 후 기준액에서 그 초과 금액을 뺀 금액으로 한다.

단, 여기에 장기요양보험료를 추가해야 합니다. 장기요양보험은 고령이나 노인성 질병 등의 사유로 일상생활을 혼자서 수행하기 어려운 노인 등에게 제공하는 신체활동 또는 가사활동 지원 등의 장기요양급여에 관한 사회보험입니다. 국민건강보험법에 따른 가입자는 모두 장기요양보험의 가입자로서 장기요양보험료를 납부해야 합니다. 장기요양보험료는 건강보험료에서 장기요양보험료율을 곱한 금액이며, 건강보험료 납부시 함께 부과됩니다. 즉, 건강보험료와 장기요양보험료는 서로 별개의 보험료이지만 장기요양보험료는 건강보험료에 비율을 곱하여 부과되며 건강보험료와 함께 납부되기 때문에 이 둘을 함께 묶어서 봐야합니다. 장기요양보험료의 계산식은 아래와 같습니다. (노인장기요양보험법 시행령[시행 2024.7.3.]에 따른 장기요양보험료율은 0.9182%입니다.)

$$\text{장기요양보험료} = \text{건강보험료} \times \frac{\text{장기요양보험료율}(0.9182\%)}{\text{건강보험료율}(7.09\%)}$$

$$= 215{,}950원 \times \frac{\text{장기요양보험료율}(0.9182\%)}{\text{건강보험료율}(7.09\%)}$$

$$= 27{,}960원$$

그렇다면 보험료에 장기요양보험료를 더한 최종 납부 보험료는 243,910원입니다. 이러한 보험료를 줄이기 위한 방법은 무엇이 있을까요? 다음 방법들이 주로 추천됩니다.

■ 보험료 줄이는 방법

① 임의 계속가입

② 4대 보험 직장 재가입

③ 집/차 가격 줄이기

④ 주택금융부채공제

⑤ 비과세종합저축(65세 이상)[11] ISA

이 중에서 가장 추천할 것은 ① 임의 계속가입으로, 퇴직 이전 18개월 중 1년 이상 근무한 자에 한해 3년 동안 보험료를 직장가입자처럼 납부할 수 있게 해 주는 방법을 사용하는 것입니다. 재산이 많은 경우, 이를 활용하면 좋습니다.

또한 ②와 같은 경우, 부담이 되지 않는 정도의 노력을 기울여 4대 보험에 가입된 직장에 다시 입사한다면, 이를 통해 직장 가입자로서 지내며 보험료를 절약할 수 있습니다. 보통 명예퇴직 후 기간제 교사로 활동하는 것도 이에 해당됩니다. 그 외의 방법들은 큰 차이가 없거나, 해당되기 어렵거나, 실천하기 어렵거나, 크게 중요하지 않은 방법으로 여겨져 추천드리는 방법은 ①, ②라고 말씀드립니다.

---

11 조세특례제한법[시행 2025.1.1.][법률 제20617호] 제88조의2에 따라 비과세 종합저축은 2025년 12월 31일까지만 가입가능하며, 65세 이상인 자 외에도 장애인, 독립유공자, 국가유공자 등이 가입가능하다.

깊이 알아보기

부동산 임대소득과 연금 수령액의 관계

현장에서 은퇴 강의 후 Q&A 시간에 꼭 받는 질문이 하나 있습니다.

"월세 수입이 있는 경우, 나중에 연금을 적게 받게 되나요?"

이 질문에 대한 답은 '퇴직연금 지급정지'에서 찾아볼 수 있습니다. 이 제도는 불필요한 연금지급으로 인한 재원의 누수를 방지하는 데에 그 취지가 있습니다. 여기서 불필요한 상황이란 퇴직 후 다시 공직 등에 재취업하거나, 연금 외의 다른 소득이 많은 경우를 말합니다.

퇴직 후 다시 공직 등에 재취업한 경우 연금이 전액 정지되며, 연금 외의 소득이 많은 경우에는 연금의 일부가 정지됩니다. 위 질문은 후자에 해당하는 상황으로, 연금 외 소득의 수준에 따라 감액되는 연금액이 다르며, 감액되더라도 최대 연금액의 절반까지만 감액이 됩니다.

연금 일부 정지에 대해 자세히 살펴보겠습니다. 주요 내용은 두 가지입니다. 어떤 경우에 지급 정지 대상이 되는지와, 대상이 된다면 얼마나 줄어드는지입니다.

첫째, 지급 정지 대상이 되는 경우는 퇴직연금 또는 조기퇴직연금 수급자가 연금 외의 해당 연도에 발생한 사업소득금액이나 근로소득금액 또는 이 둘을 합산한 소득금액의 월평균금액이 전년도 평균연금월액(퇴직연금액과 퇴직유족연금액을 합산한 금액의 평균 금액)을 초과하는 경우입니다. 즉, 산정 대상 소득은 사업소득과 근로소득 두 가지입니다. 이자소득, 배당소득, 기타소득, 그리고 연금소득은 제외됩니다. 그러나 부동산 임대소득은 사업소득으로 분류되어 산정 대상에 포함됩니다. 따라서, 월세 수입이 많은 경우 연금이 감소할 수 있지만, 주식 배당금은 영향을 주지 않습니다.

다만, 근로소득과 사업소득의 전액을 산정 대상으로 하는 것은 아닙니다. 이 둘 모두 일정액을 공제한 금액이 산정 대상이 됩니다.

> 근로소득금액 = 총급여액(비과세 급여 제외) - 근로소득공제
> 사업소득금액(부동산 임대소득 포함) = 총수입금액 - 필요경비

이렇게 산정된 소득의 합계를 종사한 개월 수로 나눈 금액이 전년도 공무원 평균연금월액(2024년도 평균연금월액은 274만 원입니다)을 초과하는 경우, 그 '초과분'이 지급 정지의 대상 금액이 됩니다.

둘째, 위에서 언급한 지급 정지 대상 금액이 274만 원을 초과하는 경우, 해당 표에 따라 연금의 부분 정지액이 산정됩니다.

초과소득월액	일부정지액
50만 원 미만	초과소득월액의 30%
50만 원 이상 100만 원 미만	15만 원 + (50만 원 초과소득월액의 40%)
100만 원 이상 150만 원 미만	35만 원 + (100만 원 초과소득월액의 50%)
150만 원 이상 200만 원 미만	60만 원 + (150만 원 초과소득월액의 60%)
200만 원 이상	90만 원 + (200만 원 초과소득월액의 70%)

예를 들어, 근로소득이 총급여 60,000,000원인 경우, 근로소득 공제액 12,750,000원을 우선 공제하게 됩니다. 근로소득 금액이 47,250,000원이며, 12개월 동안 종사했다면, 이를 12개월로 나누어 계산합니다. 3,937,500원 중 공무원 평균 연금 월액인 2,740,000원을 초과한 금액은 1,197,500원입니다. 위의 일부 정지액 산정표에 따라 계산해 보면, 일부 정지액은 448,750원입니다. 만약, 퇴직연금액이 250만 원이었다면, 이 금액을 제외한 약 205만 원 가량을 수령하게 됩니다.

일부 정지액
= 350,000원 + (197,500원 × 50%)
= 350,000원 + 98,750원
= 448,750원

최초의 질문으로 돌아가서, 월세로 인한 연금의 일부 지급 정지는 어떻게 될까요? 월세는 부동산 임대 수익입니다. 이를 산정할 때, 실제 월임대료를 바로 계산하는 것이 아니라, 실제 월임대료와 보증금(간주임대료)을 통해 소득세법 상의 소득 금액으로 산정한 것을 기준으로 합니다. 예를 들어, 주택 임대로 월세를 받았더라도, 소득세법 상의 비과세 소득이라면, 이 연금 지급 정지와는 전혀 관련이 없게 됩니다.

보유 주택 수	과세대상	비과세
1주택	- 국외주택 월세 수입 - 기준시가 12억 원 초과 주택 월세 수입	- 기준시가 12억 원 이하 주택 월세 수입 - 모든 보증금 및 전세금
2주택	- 모든 월세 수입	- 모든 보증금 및 전세금
3주택 이상	- 모든 월세 수입 - 비소형주택 3채 이상 보유&해당 보증금 및 전세금 합계 3억 원 초과하는 경우 해당 보증금 및 전세금	- 소형주택의 보증금 및 전세금 - 비소형주택 3채 미만 보유한 경우 보증금 및 전세금 - 비소형주택의 보증금 및 전세금 합계 3억 원 이하인 경우 보증금 및 전세금

위 표는 임대소득의 과세, 비과세 여부를 구분해 놓은 것입니다. 예를 들어, 1주택자의 임대소득의 경우 비과세이지만, 12억 초과 주택의 월세 수입은 과세대상입니다. 2주택자의 경우 해당 임대소득 중 월세에 대해서는 모두 과세되지만, 그 보증금 및 전세금에 대해서는 비과세입니다. 만약 나의 임대수익 과세대상일 경우, 이 중 1년치(1.1. ~12.31.) 과세소득에 대해 필요경비를 제한 후 임대한 개월 수로 나눈 금액이 274만 원을 초과하는 경우에만 연금의 일부가 지급정지됩니다. 필요경비를 구하려면, 귀속 경비율[국세청고시]를 확인하셔서 단순경비율 또는 기준경비율을 찾아보셔야 합니다.(기준시가 12억 원 초과 주택의 업종코드 701101, 12억 원 이하 주택의 업종코드 701102). 하지만, 다른 근로소득이나 사업소득이 없는 경우에는 월세가 평균연금월액인 274만 원을 초과하지 않는다면, 필요경비를 굳이 구하지 않더라도 연금액이 정지되는 일은 없을 것입니다.

10장

명예퇴직과 조기퇴직, 연금설계 전략

- 명예퇴직수당과 퇴직소득세
- 조기퇴직 연금설계 전략: 국민연금, 연계연금
- 조기퇴직연금: 명예퇴직자와 정년퇴직자

명예퇴직수당과 퇴직소득세

설명의 편의를 위해 정년퇴직 외 모든 종류의 자발적 퇴직을 이 책에서는 '조기퇴직'이라는 용어로 포괄하여 설명드리겠습니다. 조기퇴직은 재직기간이 20년 이상이면서 교육청으로부터 대상자로 결정된 경우에 가능한 '명예퇴직'과, 명예퇴직이 아니면서 본인의 요청에 의해 퇴직을 하는 '의원면직'으로 구분할 수 있는데 각 경우에 따라 은퇴 설계의 양상이 달라집니다.

먼저 명예퇴직에 대해 살펴보겠습니다. 우리가 정년퇴직 시 받을 수 있는 급여는 퇴직연금과 퇴직수당입니다. 공무원연금공단으로부터 받습니다. 그런데 개인의 선택에 따라 정년퇴직보다 이른 시기에 명예퇴직을 결정하면, 명예퇴직수당을 교육청으로부터 추가로 받게 됩니다.

명예퇴직의 자격요건은 재직기간이 20년 이상이어야 하며 정년퇴직일로부터 최소 1년 이상의 기간이 남아 있어야 한다는 것입니다. 단 자격요건을 충족한다고 해서 모든 이가 명예퇴직을 할 수 있는 것은 아닙니다. 교육청의 예산 범위 내에서 명예퇴직 대상자의 수가 결정되기 때문입니다. 경쟁 상황이 발생할 경우, 우선순위에 따라 대상자가 결정됩니다. 대상자 결정은 직급, 재직 기간, 보직 교사 경력 등에 따릅니다.

명예퇴직 대상자로 선정되었을 경우, 지급받는 명예퇴직수당 금액은 어떻게 결정될까요? 「국가공무원 명예퇴직수당 등 지급 규정」에는 명예퇴직수당 지급액 산정표가 제시되어 있습니다. 이에 따르면 명예퇴직수당은 월 봉급액의 반액에 정년까지의 잔여 월수를 곱한 것으로 계산합니다. 단, 정년까지의 잔여 월수가 5년을 초과하는 경우에는 그 초과분의 절반만을 인정하는데 최대로 인정되는 기간은 90개월(7.5년)입니다.

※ 호봉제 적용대상 공무원(교사가 해당)의 월봉급액은 봉급표상 봉급액의 68퍼센트를 적용한다.

정년잔여기간별 대상자	산정기준
① 1년 이상 5년 이내인 사람	퇴직 당시(국가공무원법 제40조의4 제1항 제4호의 규정에 따라 특별승진하는 사람의 경우에는 특별승진 직전을 말한다. 이하 같다.) 월 봉급액의 반액 × 정년 잔여월수
② 5년 초과 10년 이내인 사람	퇴직 당시 월봉급액의 반액 × (60 + $\frac{정년잔여월수-60}{2}$)
③ 10년 초과인 사람	정년잔여기간이 10년인 사람의 금액과 동일한 금액(10년을 초과하는 정년잔여기간에 대하여는 수당을 지급하지 아니한다)

명예퇴직수당 지급액 산정표[1]

만약 호봉제를 적용받는 공무원(예: 교사)이라면 봉급표 금액의 68%를

---

1 국가공무원 명예퇴직수당 등 지급 규정 제4조 [별표 1]

기준으로 하고 이의 절반인 34%를 기준 금액으로 합니다. 간단히 봉급의 1/3로 생각하시면 편리합니다. 따라서 명예퇴직수당은 아래와 같이 간단히 표현해 볼 수 있습니다. 그리고 이를 2025년도 봉급표에 대입해 본 결과는 다음 표와 같습니다.

명예퇴직수당 = 봉급 × 34% × 정년까지의 잔여 월수(최대 90개월)

호봉	봉급	봉급×34%	잔여년수	잔여월수	명예퇴직수당
29	4,523,800	1,538,092	20	90	138,428,280
30	4,663,600	1,585,624	19	90	142,706,160
31	4,803,000	1,633,020	18	90	146,971,800
32	4,942,200	1,680,348	17	90	151,231,320
33	5,083,700	1,728,458	16	90	155,561,220
34	5,224,600	1,776,364	15	90	159,872,760
35	5,365,800	1,824,372	14	90	164,193,480
36	5,506,400	1,872,176	13	90	168,495,840
37	5,628,700	1,913,758	12	90	172,238,220
38	5,751,200	1,955,408	11	90	175,986,720
39	5,873,900	1,997,126	10	90	179,741,340
40	5,995,800	2,038,572	9	84	171,240,048
근1	6,074,100	2,065,194	8	78	161,085,132
근2	6,152,400	2,091,816	7	72	150,610,752
근3	6,230,700	2,118,438	6	66	139,816,908
근4	6,309,000	2,145,060	5	60	128,703,600
근5	6,387,300	2,171,682	4	48	104,240,736
근6	6,465,600	2,198,304	3	36	79,138,944
근7	6,543,900	2,224,926	2	24	53,398,224
근8	6,622,200	2,251,548	1	12	27,018,576
근9	6,700,500	2,278,170	0	0	0

재직 기간 20년 이상 조건을 충족하는 범위는 1급 정교사 호봉 승급을 반영하였을 때 29호봉부터 근속가봉 9호봉까지인데, 정년까지 1년 이상이 남아 있어야 하므로 근속가봉 8호봉까지가 명예 퇴직 가능 범위입니다. 이 범위의 봉급 각각에 34%를 곱한 후, 잔여 연수에 따라 정년 잔여 월수를 계산하여 곱하면 명예퇴직수당이 계산됩니다. 단, 이 금액은 2025년도 화폐 가치를 기준으로 한 것이기 때문에 2025년도 이후에 실제로 명예 퇴직을 하실 때에는 이보다 큰 금액을 받게 될 것입니다.

이 명예퇴직수당에도 퇴직수당과 마찬가지로 퇴직 소득세가 과세됩니다. 그러나 과세는 이 두 가지를 별도로 계산하는 게 아니라 합산하여 과세합니다. 퇴직수당만 받는 경우 대부분 소득세가 전액 공제되어 납부 금액이 0원인 경우가 대부분입니다. 한편 명예퇴직수당이 합산될 때는 납부 금액이 발생하는 경우가 있습니다. 앞서 살펴본 퇴직수당의 예시와 합산하여 계산해 보겠습니다.

■ 예) **명예퇴직자 A선생님**

생년월일	1987년 11월 1일	
임용일	2010년 3월 1일	
퇴직일	2045년 2월 28일(정년 잔여 월 수 60개월)	
자격	2016년 1급 정교사	
재직기간	총 35년 [2기간(5년 10개월), 3기간(29년 2개월)]	
퇴직수당	8,276,670원 × 39% × 33년	106,520,740원
명예퇴직수당	2,082,568원 × 60개월	124,954,080원
수당 총합		231,474,820원

퇴직소득세 계산구조

	퇴직소득금액	231,474,820원
(-)	퇴직소득공제(①)	85,000,000 = 40,000,000 + (근속연수 35 - 20) x 3,000,000
÷	근속연수	4,184,994 = 146,474,820 / 35
(×)	12	50,219,928 = 4,184,994 x 12개월
=	환산급여	50,219,928
(-)	퇴직소득공제(②)	38,131,956 = 8,000,000 + (50,219,928) × 60%
=	퇴직소득 과세표준	12,087,972원
(×)	세율	6%
=	환산 전 산출세액	725,278원
÷	12	60,439원 = 725,278 ÷ 12
(×)	근속연수	2,115,395 = 60,439원 × 35년
=	퇴직소득 산출세액	2,115,390원

 이 계산 과정을 통해 산출된 퇴직소득세는 2,115,390원입니다. 하지만, 퇴직수당과 명예퇴직수당은 해가 지날수록 금액이 더 올라갈 것이고, 퇴직 소득세의 세율이나 계산 구조가 변하지 않는 한 퇴직 소득세는 점점 더 많이 부과될 것입니다.

 명예퇴직수당은 퇴직수당과 함께 2층 연금의 재원으로 활용하시기를 추천합니다. 명예퇴직을 했다는 것은 정년퇴직보다 조기에 퇴직한 것이기 때문에, 아직 1층 퇴직연금을 수령하기까지 소득 공백기가 있음을 의미합니다. 재취업을 하여 소득 공백기를 메울 수 있지 않은 한, 수천에서 억에 달하는 목돈을 다른 용도에 사용하는 것보다 우선 소득 공백기를 안전하게 넘길 수 있는 징검다리 재원으로 활용하시는 것이 좋을 것입니다.

조기퇴직 연금설계 전략:
국민연금, 연계연금

두 번째로 살펴볼 사항은 명예퇴직이 아닌 조기퇴직의 경우입니다. 의원면직인 상황을 말합니다. 대체로 20대부터 40대에 이르는 교사들이 퇴직하는 경우가 이에 해당될 것입니다. 이러한 상황에서는 대부분 다른 직종으로 재취업을 하게 됩니다. 그러면 공무원연금이 아닌 국민연금에 가입하게 됩니다.

국민연금 제도에 대해 간략히 설명드리겠습니다. 대한민국 국민으로 18세 이상 60세 미만인 분이라면 누구나 국민연금의 의무가입 대상입니다. 단, 공무원과 같은 다른 공적연금 대상자는 제외됩니다. 여기서 사업장의 사장님이나 직원일 경우 '사업장 가입자'가 되며 그 외의 경우에는 '지역가입자'가 됩니다.

국민연금의 보험료는 기준소득월액의 9%로, 사업주와 근로자가 각각 절반씩 부담하게 됩니다. 따라서 각자 4.5%의 보험료를 납부하게 됩니다. 국민연금의 기준소득월액은 전년도 소득 총액을 근무일수로 나눈 후, 그 결과에 30을 곱하여 산정합니다.

국민연금에서 연금급여의 핵심은 노령연금입니다. 이는 공무원연금의 퇴직연금과 유사한 연금으로 볼 수 있습니다. 노령연금의 수령액은 아래의 식에 따라 계산됩니다.

> 노령연금 수령액 = 기본연금액 × 지급률 + 부양가족연금액

지급률은 10년을 기준으로 50%이며, 가입기간이 1년 증가할 때마다 5%씩 가산됩니다. 즉, 20년을 기준으로 하면 100%, 30년은 150%, 40년은 200%가 됩니다. 공무원연금에서 지급률이 1.7%였다는 점에서 혼동이 있으실 수 있지만 국민연금의 지급률은 공무원연금 계산식에서의 재직기간과 유사한 역할을 하는 변수입니다. 공무원연금에서의 지급률 개념은 노령연금의 기본연금액에 포함되어 있습니다. 부양가족연금액은 노령연금 수령자에 의해 생계를 유지하고 있는 배우자 등에 대하여 지급하는 일종의 가족수당 성격의 부가급여입니다.

2025년에 국민연금에 가입할 경우 예상되는 연금 월액은 다음과 같은 표로 나타낼 수 있습니다.

국민연금 수령액

가입기간 중 기준소득월액 평균액(B값)	가입기간						
	10년	15년	20년	25년	30년	35년	40년
2,000,000	256,360	383,580	510,810	638,040	765,260	892,490	1,019,720
3,000,000	306,730	458,960	611,180	763,410	915,640	1,067,860	1,220,090
4,000,000	357,110	534,330	711,560	888,790	1,066,010	1,243,240	1,420,470
5,000,000	407,480	609,710	811,930	1,014,160	1,216,390	1,418,610	1,620,840
6,170,000	466,420	697,900	929,370	1,160,850	1,392,330	1,623,800	1,855,280

그리고 노령연금의 지급개시연령은 다음 표와 같습니다.

출생연도	1953~56년생	1957~60년생	1961~64년생	1965~68년생	1969년생~
지급개시연령	61세	62세	63세	64세	65세

재직 기간이 10년이 넘은 교사들이 의원면직 후 국민연금에 10년 이상 가입하시면 앞서 언급한 연금을 동시에 받으실 수 있습니다. 즉, 10년 재직 후 퇴직한 교사가 대략 60만 원의 연금을 받을 수 있다면, 퇴직 후 국민연금에 500만 원의 평균기준소득월액으로 25년간 가입하실 때 약 101만 원을 수령하실 수 있으므로, 최종적으로 161만 원 가량의 연금을 수령할 수 있게 됩니다. 따라서 은퇴 전까지 161만 원을 제외한 나머지 생활비 등을 채울 준비를 하셔야 할 것입니다.

재직기간이 25년이 된 교사의 경우는 약 220만 원의 공무원연금을 수령하며, 국민연금에 10년 가입하면 약 40만 원을 수령할 수 있으므로, 최종적으로 260만 원 가량의 연금을 수령하게 됩니다. 여기에 의원면직 시 받는 퇴직수당과 사기업 퇴직 후 받는 퇴직연금까지 추가될 것입니다.

공무원연금의 수령액이 국민연금의 수령액보다 대체로 크기 때문에, 의원면직이 늦어질수록 최종적인 연금의 합계액이 증가합니다. 그러나 너무 늦게 퇴직할 경우 재취업이 더 어려워질 수 있는 약점이 있습니다. 그렇기 때문에 의원면직을 할 때는 그 중간의 좋은 시점을 찾아 진행하시는 것이 좋습니다.

그런데 만약 너무 일찍 의원면직을 하거나, 너무 늦게 의원면직을 하는 경우는 어떻게 해야 할까요? 각각의 연금 모두 최소 10년의 재직기간(가입기간)이 필요합니다. 너무 일찍 퇴직한 경우에는 공무원연금을 수령할 수 없고, 너무 늦게 퇴직한 경우에는 국민연금을 수령할 수 없게 될 것입니다. 그럼 더 늦게 퇴직하거나, 보다 일찍 퇴직해야 할까요? 최소 10년 재직기간이라는 조건에 얽매이다 보면 퇴직의 가장 좋은 시기를 놓칠 수도 있습니다. 바로 이때 공적연금연계제도를 활용하면 이러한 문제를 해결할 수 있습니다.

공적연금연계제도란 국민연금과 직역연금(공무원연금 등)의 연금을 수령하기 위한 가입기간(재직기간)을 채우지 못한 경우, 연금 간 가입기간을 합하여 최소 연계 기간을 충족하면 연금을 받을 수 있도록 한 제도입니다.

이 제도를 활용하시면 두 연금의 가입 기간(재직기간)을 총 합쳐 10년만 넘으면 두 곳 모두에서 연금을 수급하실 수 있게 됩니다. 만약 재직기간 9년을 끝으로 의원면직을 한 경우, 국민연금에 1년 이상만 가입하고 연계연금을 신청하면 두 곳에서 모두 연금을 수급할 수 있습니다. 금액은 각 연금을 계산식에 맞게 계산한 뒤 그 가입기간(재직기간)만큼으로 조정됩니다.

즉, 10년 재직했을 경우가 60만 원이라면 9년은 54만 원이 될 것입니다. 국민연금도 마찬가지입니다. 10년에 40만 원이었다면 1년은 4만 원이 될 것입니다. 두 연금 기관으로부터 수급받는 총 연금액은 58만 원이 됩니다. 만약 이 제도를 활용하지 않는다면 국민연금에 9년은 더 가입해야 최소 가입 기간인 10년이 충족되고 그때의 연금액도 40만 원에 불과합니다. 즉, 연계제도를 활용하시면 9년의 시간을 단축하면서 연금액도 더 많이 수령할 수 있습니다.

이 연계제도가 오로지 장점만을 지니고 있는 것은 아닙니다. 연금을 연계 신청하였다면, 해당 연금의 지급 연령은 국민연금의 지급 연령과 동일하게 적용됩니다. 공무원연금의 지급연령은 다음 표와 같습니다.

■ 1996년 이후 임용자

퇴직연도	개시연령	퇴직연도	개시연령
2016~2021년	60세	2027~2029년	63세
2022~2023년	61세	2030~2032년	64세
2024~2026년	62세	2033년~	65세

즉, 2025년에 퇴직할 경우 연금은 62세부터 지급받게 됩니다. 그러나 연계연금을 신청할 경우, 그 시작 연령은 국민연금의 것을 따르게 되어

1969년 이후 출생자는 65세에 지급받게 됩니다. 즉, 공무원연금을 3년간 받지 못하게 되는 것입니다. 더욱이 연금 연계를 한번 신청하여 승인이 되면, 대부분 취소가 불가능하다는 점을 기억해야 합니다.

　연계연금은 분명히 훌륭한 제도이지만 이와 같은 이유로 매우 신중하게 신청해야 합니다. 다만 2033년 이후 퇴직하는 경우에는 두 연금의 시작 연령이 모두 동일하게 65세로 조정되므로 이러한 단점이 해소되고 장점이 더욱 부각될 것입니다.

조기퇴직연금: 명예퇴직자와 정년퇴직자

연금지급 개시연령이 2033년 이후부터는 65세로 연장됩니다. 하지만 공무원의 정년은 60세이며, 교사의 정년은 62세입니다. 정년 연장에 대한 연구와 논의가 진행 중이기는 하나, 아직은 구체적인 결정이 이루어지지 않았습니다. 따라서 명예퇴직자는 물론 정년퇴직자도 퇴직 후 연금지급 개시연령에 도달하기까지의 소득 공백 기간을 대비해야 합니다.

소득 공백 기간을 극복하기 위해 3층 연금 구조를 효율적으로 활용해야 할 것입니다. 여기서는 가장 기본이 되는 1층 연금을 활용하여 소득 공백 기간을 극복하는 방법을 구체적으로 살펴보겠습니다.

1층 연금인 퇴직연금은 연금지급 개시연령보다 조기에 수령할 수 있습니다. 이를 조기퇴직연금이라 부릅니다. 물론 조기에 연금을 수령함으로 인해 일정한 감액이 발생합니다. 연금지급 개시연령에 도달하지 못한 기간을 미달연수라고 하며 이 미달연수에 따라 퇴직연금이 감액되어 지급됩니다.

1. 미달연수 1년 이내: 퇴직연금 상당액의 95퍼센트
2. 미달연수 1년 초과 2년 이내: 퇴직연금 상당액의 90퍼센트
3. 미달연수 2년 초과 3년 이내: 퇴직연금 상당액의 85퍼센트
4. 미달연수 3년 초과 4년 이내: 퇴직연금 상당액의 80퍼센트
5. 미달연수 4년 초과 5년 이내: 퇴직연금 상당액의 75퍼센트

오해가 생기지 않도록 말씀드리자면 감액된 액수가 지급되다가 원래의 연금 지급 개시 연령부터 감액이 없어지고, 원래의 퇴직연금액을 받게 되는 것이 아닙니다. 한번 감액되면, 그 금액으로 평생 수령하게 됩니다. 얼핏 불필요한 제도가 아닌지 생각되실 수도 있지만 놓치기 쉬운 장점이 있습니다.

퇴직연금을 1년 조기 수령할 경우, 5% 감액된 금액을 평생 받게 되지만 제때 수령하는 경우에 비해 1년치의 연금을 더 수령하게 됩니다. 예를 들어 보겠습니다. 제때 받는 연금액을 300만 원이라고 하고 이를 30년 동안 받는다면 수령하는 금액은 10억 8천만 원입니다.

1,080,000,000원 = 3,000,000원 × 30년 × 12개월

만약 1년 조기 수령한다면 5% 감액된 금액인 285만 원을 수령하게 되는데 이때 기간은 30년이 아닌 조기에 받는 1년을 포함한 31년이 됩니다. 즉, 10억 6천 2백만 원을 수령하게 됩니다.

> 1,060,200,000원 = 2,850,000원 × 31년 × 12개월

둘의 차액은 얼마일까요? 19,800,000원입니다. 제때 수령한 금액 10억 8천만 원의 약 1.8%에 해당하는 금액입니다. 즉, 퇴직연금 자체는 5% 감액되었지만 전체 수령 금액은 그보다 더 적은 금액이 감액됩니다. 다른 경우도 계산해 보면 실제 감액률은 대체적으로 감액률의 절반 수준으로 떨어집니다. 즉, 5년 조기 수령할 때 감액률은 25%이지만, 실제 감액률은 그 절반 수준인 13% 정도라고 생각하시면 됩니다.

또한 둘의 차액이 19,800,000원이라는 것은 이를 매월 수령액 차액인 150,000원으로 나눠 보면 조기 수령한 사람이 11년 동안이나 유리하다는 것을 확인할 수 있습니다.

> 19,800,000원 ÷ 150,000원 = 132개월 = 11년

조기퇴직연금에 대해 대부분은 부정적으로 생각합니다만 저는 다음 두 가지 이유에서 이 조기퇴직연금도 은퇴 설계의 중요한 선택지 중 하나라는 점을 강조합니다.

첫 번째는 소득 공백기를 메우는 일의 효용 가치가 매우 큽니다. 같은 금액이라 할지라도 소득이 있을 때와 없을 때 그 가치의 차이는 큽니다. 속된 말로 손가락만 빨면서 내년의 300만 원을 기다리는 것과, 당장 285만 원을 받는 것은 그 감액분 이상의 가치가 있습니다.

두 번째는 은퇴기에 소득이란 시간이 흐를수록 그 필요성이 점점 줄어듭니다. 활동기에 가장 큰 소득이 필요하고, 회상기, 간병기로 갈수록 필요 소득이 점점 줄어듭니다. 심지어 5년 조기 수령하여 25%가 감액된 연금만으로도 간병기 또는 회상기까지의 필요 소득을 충당할 수 있을지도 모릅니다. 그렇기 때문에 소득의 효용성이 큰 은퇴기 앞쪽에, 적은 돈이라도 미리 더 길게 받는 것이 더 유리할 수도 있습니다.

소득 공백기를 넘기기 위해 무조건 조기퇴직연금을 받는 것이 좋다고 말씀드리는 것은 아닙니다. 어찌 되었든 조기퇴직연금을 수령하게 되면 평생 감액된 연금을 수령하게 될 것입니다. 또한 한번 수령하면 취소할 수 없습니다. 하지만 이런 이유만으로 조기퇴직연금을 선택지에서 제외해 버리기에는 조기퇴직연금만의 장점이 분명합니다. 따라서 소득 공백기를 슬기롭게 넘기는 수단으로 조기퇴직연금을 하나의 분명한 선택지로 고려해 보시기를 권합니다.

교사들이 자주 묻는 연금 관련 질문들

Q 제가 사망하고 나면, 퇴직연금은 어떻게 되나요?

A 그럴 경우 유족은 '퇴직유족연금'이라는 이름으로 기존 퇴직연금의 60%를 수령할 수 있습니다. 공무원연금법상 유족으로 인정되는 대상은 배우자(공무원 재직 시 혼인한 경우), 자녀(19세 미만), 부모, 손자녀(부모가 없는 경우), 조부모입니다. 이 중 민법상 상속 순위에 따라 정해진 최우선 순위의 유족이 지급받게 됩니다. 단, 부부가 모두 공무원연금 퇴직연금 수급자였다면, 유족연금은 50% 감액되어 기존 퇴직연금의 30%만 수령할 수 있습니다. 즉, 본인이 받던 퇴직연금의 100%와 배우자의 퇴직연금 30%를 합한 금액을 매달 수령하게 됩니다.

Q 부장수당이나 담임수당이 있으면 연금 수령액이 달라지나요?

A 예. 부장수당과 담임수당은 모두 과세수당입니다. 이 수당들은 기준소득월액 산정에 포함되므로, 이러한 수당들로 인해 연금 수령액이 달라집니다. 따라서, 동일한 연도에 발령받은 동기 교사들 사이에서도 재직 기간 중 받은 수당의 차이로 인해 연금 수령액이 달라질 수 있습니다.

예를 들어, 2025년 기준 부장수당은 15만 원입니다. 평생 부장을 맡은 교사와 그렇지 않은 교사의 평균기준소득월액은 15만 원만큼 차이가 납니다. 소득대체율 61.2%를 곱하면 두 사람의 연금액은 매월 약 9만 원 정도 차이가 나게 됩니다.

Q 퇴직 후 수령받는 연금액은 물가상승률을 반영하여 증가하는 것이 맞나요?

A 예. 쉽게 이해할 수 있게 퇴직연금 수령액은 두 기간으로 나누어 계산됩니다. 퇴직

후, 연금 지급 개시 전까지는 공무원보수인상률이 반영되어 증가하고, 연금이 지급 개시된 이후부터는 물가상승률을 반영하여 증가하게 됩니다. 다만, 이론적으로 보수인상률 또는 물가상승률이 하락(-)한다면 연금수령액도 하락할 수 있습니다.

[공무원연금법 제35조(연금액의 조정)]
① 연금인 급여는 [통계법] 제3조에 따라 통계청장이 매년 고시하는 전전년도와 대비한 전년도 전국소비자물가변동률에 해당하는 금액을 매년 늘리거나 줄인다.
② 제1항에 따라 조정된 금액은 해당 연도 1월부터 12월까지 적용한다.

[공무원연금법 제30조(급여액 산정의 기초)]
① 이 법에 따른 급여(퇴직연금·조기퇴직연금)의 산정은 급여의 사유가 발생한 날이 속하는 달의 기준소득월액을 기초로 한다.

Q 공무원연금법이 개정되면, 연금수령액이 많이 줄게 될까요?
A 퇴직공무원의 기대여명이 늘고 있기에, 정부의 재정부담으로 인해 공무원연금법이 또 다시 개정될 여지는 분명히 있습니다. 하지만, 언제, 어떤 방식으로 개정될지는 아무도 모릅니다.
개인적인 예상으로는 지급률을 하락시켜 연금수령액을 감액시킬 수 있을 것 같습니다. 다만, 일정 소득대체율을 유지해야 하기 때문에 연금수령액을 감액하는 수준에는 한계가 있다고 생각합니다. 대신 연금지급개시연령을 더 늦추거나, 재직공무원의 기여금 부담률 및 납부기간을 증가시켜 연금 재원을 더 확보하는 방향으로 갈 수도 있다고 생각합니다. 즉, 더 내고, 덜 받고, 늦게 받는 방식입니다.
세간에는 공무원연금이 개혁이 되면 받을 수 있는 연금이 얼마 없을 것이라는 막연한 불안감이 있습니다. 하지만, 연금에 대한 기대감을 너무 낮추는 것도 좋지 않습니다. 개인적으로는 이 책에서 제시한 금액의 70~80% 정도를 받을 수 있을 것이라 예상하는 것이 보수적으로 안전하면서도 개인 재무를 설계하는 것에 효율적으로 작용할 것이라 생각합니다.

Q 퇴직연금액 조견표를 보니까, 재직기간이 늘었는데 연금이 오히려 줄어들었어요. 잘못된 것 아닌가요?

A 재직기간이 늘었는데 연금이 몇 천원에서 몇 만 원 정도 줄어드는 경우를 볼 수 있습니다. 이런 현상은 소득재분배 적용비율이 문턱을 넘으면서 발생하는 경우입니다. 예를 들어, 재직기간이 늘면서 기준소득월액도 증가했는데, 마침 소득재분배 적용비율이 95.45%에서 91.67%로 떨어지면서 오히려 전체적인 연금액이 줄어들게 됩니다. 조견표에서 볼 수 있는 특정 임용년도 및 퇴직연차에만 발생하는 문제는 아니며, 개인의 기준소득월액에 따라 모두에게 발생할 수 있는 현상입니다. 다만, 그 이후로 1년 정도 지나면 그 이전보다 더 높은 연금액이 나오게 됩니다.

Q 어디서부터 무엇을 실천해야 할지 모르겠습니다.

A 우선, 은퇴 후 노후에 필요한 금액을 모두 산정하시기 바랍니다. 생활비가 주요 요소이겠지만, 여유로운 생활을 위해 필요한 다양한 금액들도 함께 고려해 주십시오. 65세부터 95세까지, 즉 30년간 필요한 총 금액을 계산해야 합니다. 매달 필요한 금액에 360개월을 곱하신 다음, 일시적으로 필요한 금액을 추가로 더해 주시면 됩니다. 다만, 생활비는 70세부터 80세까지는 이전 생활비의 70% 수준으로, 80세 이후부터는 50% 수준으로 조정한 후 계산해 주시기 바랍니다.

이후, 예상되는 연금 수령액을 책에서 확인하시고, 그 금액의 70~80%를 계산합니다. 360개월을 곱하시면 연금 개시 후 사망 시까지 받을 수 있는 총 연금 수령액이 계산됩니다. 이전에 계산한 노후에 필요한 금액에서 이 총 연금 수령액을 차감해 주십시오.

예정 퇴직년도를 결정하신 후, 그 시점부터 연금을 수령하기 시작하는 65세 이전까지의 기간, 즉 소득 공백기를 계산해 주십시오. 앞서 말씀드린 것처럼, 생활비와 개인 취향에 필요한 금액들을 모두 포함하여 그 기간 동안 필요한 총 금액을 산출해 주십시오.

이어서, 예상되는 퇴직수당 및 명예퇴직수당을 책에서 확인하신 후, 그 금액의 80%를 계산합니다. 이 금액을 앞서 계산한 소득 공백기 동안 필요한 금액에서 차감해 주십시오.

노후에 필요한 금액에서 총 연금 수령액을 뺀 금액에는 물가상승률 1.5%를 현재부터 65세가 될 때까지의 기간 동안 곱해 주십시오. 소득 공백기 동안 필요한 금액에서 퇴직수당 등을 뺀 금액에도 물가상승률 1.5%를 예정 퇴직년도까지의 기간에 걸쳐 곱해 주십시오. 이렇게 계산된 두 금액을 합한 것이 재직 중 준비해야 할 총 금액입니다.

교직원공제회의 3층 연금 및 연금계좌를 활용하여 앞에서 계산한 금액을 목표로 저축 및 투자를 실천해 나가시면 됩니다. 단, 소득 공백기에 필요한 금액과 연금 수령 후 필요한 금액은 필요한 시기가 서로 다르므로, 3층 연금을 준비하실 때에도 이를 구분하여 준비하시면 더욱 효율적입니다.

다만, 저경력기에는 주택 마련을 위해, 그리고 이후에는 자녀 교육비 등으로 인해 자금이 부족할 수 있습니다. 따라서, 위 준비금액은 저경력부터 고경력으로 이동함에 따라 점진적으로 증가하도록 계획하시는 것이 바람직합니다.

미리 알면 돈 버는
교사 연금설계 재테크

초판 1쇄 발행 2025년 3월 31일
초판 2쇄 발행 2025년 7월 15일

지은이 김선후

펴낸이 이형세
펴낸곳 테크빌교육(주)
주소 서울시 강남구 언주로 551, 프라자빌딩 5층 (출판기획팀)
전화 02-3442-7783(333) | **팩스** 02-3442-7793

편집 한아정 | **디자인** 기민주

ISBN 979-11-6346-200-2   03320

· 책값은 뒤표지에 있습니다.

테크빌교육 채널에서 교육 정보와 다양한 영상 자료, 이벤트를 만나세요!

티처빌 teacherville.co.kr
쌤동네 ssam.teacherville.co.kr
체더스 www.chathess.com

이 책의 무단 전재와 무단 복제를 금합니다.
잘못 만들어진 책은 구입하신 서점에서 교환해 드립니다.